Émile Zola

J'ACCUSE...!
A verdade em marcha

Tradução de Paulo Neves

www.lpm.com.br

L&PM POCKET

Coleção **L&PM** POCKET, vol. 826

Texto de acordo com a nova ortografia.
Título original: *J'accuse...! La vérité en marche*
Os editores dedicam a publicação deste livro à memória de Mario de Almeida Lima.

Primeira edição na Coleção **L&PM** POCKET: novembro de 2009
Esta reimpressão: janeiro de 2020

Tradução: Paulo Neves
Capa: Ivan Pinheiro Machado
Preparação: Jó Saldanha
Revisão: Ana Laura Freitas

CIP-Brasil. Catalogação na Fonte
Sindicato Nacional dos Editores de Livros, RJ

Z77j

Zola, Émile, 1840-1902
   J'accuse: a verdade em marcha / Émile Zola; [prefácio Henri Guillemin]; tradução Paulo Neves. – Porto Alegre, RS: L&PM, 2020.
   176p. – (Coleção L&PM POCKET; v. 826)

   Tradução de: *J'accuse...! La vérité en marche*
   ISBN 978-85-254-1960-6

   1. Dreyfus, Alfred, 1859-1935 - Processos, litígios, etc. 2. Processos (Traição) - Aspectos políticos - França. 3. Antissemitismo - França - História. I. Neves, Paulo. II. Título. III. Série.

09-4554.   CDD: 848
                CDU: 821.133.1-8(44)

© da tradução, L&PM Editores, 2009

L&PM Editores
Rua Comendador Coruja, 314, loja 9 – Floresta – 90.220-180
Porto Alegre – RS – Brasil / Fone: 51.3225.5777

Pedidos & Depto. comercial: vendas@lpm.com.br
Fale conosco: info@lpm.com.br
www.lpm.com.br

Impresso no Brasil.
Verão de 2020

ÉMILE ZOLA
(1840-1902)

Émile Zola nasceu em 10 de abril de 1840, em Paris, filho de François Zola, um engenheiro italiano, e da francesa Émilie Aubert. Em 1843, a família se mudou para Aix-en-Provence, no sul da França, onde o futuro escritor conheceu Paul Cézanne, de quem se tornaria grande amigo. Quando Zola tinha sete anos, seu pai morreu, deixando a família em dificuldades financeiras. Em 1858, ele se mudou com a mãe para Paris, onde passou a juventude, e começou a escrever sob a influência do romantismo. A mãe de Zola queria que o filho estudasse Direito, mas ele fracassou no exame de conclusão da escola.

Antes de se dedicar unicamente à ficção, Zola trabalhou na editora Hachette e escreveu colunas literárias, crônicas e crítica de arte para jornais. Nos textos sobre política, não escondia sua antipatia por Napoleão III. Durante os anos de formação, escreveu uma série de histórias curtas e ensaios, além de peças e novelas. Um dos seus primeiros livros foi *Les contes à Ninon*, publicado em 1864. Quando o sórdido romance autobiográfico *La Confession de Claude* foi publicado, em 1865, o autor atraiu a atenção da polícia e da opinião pública. Nessa época conheceu Manet, Pissarro, Flaubert e os irmãos Goncourt e, em 1870, casou-se com Alexandrine Meley, mas foi com a amante, Jeanne Rozerot, que teve dois filhos.

Depois do primeiro romance de sucesso, *Thérèse Raquin* (1867), Zola começou a longa série chamada *Les Rougon Macquart* (1871-1893), uma história social de uma família no Segundo Império, que chegou a vinte volumes, mostrando o mundo dos camponeses e trabalhadores. O resultado foi uma combinação de precisão histórica, riqueza dramática e um retrato acurado dos personagens.

A publicação de *L'Assommoir* (1877), uma descrição profunda do alcoolismo e da pobreza na classe trabalhadora parisiense, fez de Zola um dos mais conhecidos escritores na

França. O tratado *Le roman expérimental* (1880) manifestou a crença do autor na ciência e na aceitação do determinismo científico.

Em 1885, Zola publicou uma de suas principais obras, *Germinal*, retratando uma greve dos trabalhadores das minas de carvão. O livro foi atacado pela direita como sendo um chamado para a revolução. *Nana* (1880), outro famoso trabalho do autor, leva o leitor ao mundo da exploração sexual. *Les quatre Evangiles*, tetralogia iniciada com *Fécondité* (1899), foi deixada inacabada.

Zola arriscou a carreira – e a vida – ao publicar *J'accuse*, uma carta aberta ao presidente da República francesa, editada na primeira página do jornal *L'Aurore*, na qual defendia a inocência de Alfred Dreyfus e criticava a postura antissemita e autoritária do alto escalão do exército francês. Em função disso, Zola foi condenado à prisão e expulso da Legião da Honra em 1898. Conseguiu escapar para a Inglaterra, onde permaneceu até 1899. Nesse mesmo ano, Dreyfus – após o perdão presidencial – foi solto, mas somente em 1906 o Estado reconheceu a injustiça cometida.

Em 29 de setembro de 1902, sob misteriosas circunstâncias, Zola morreu asfixiado por monóxido de carbono enquanto dormia. De acordo com algumas especulações – inclusive do filho de Zola, Jacques-Émile –, os seus inimigos teriam bloqueado a chaminé do seu apartamento para matá-lo. Em 1908, os seus restos mortais foram transferidos para o Panteão de Paris.

Livros do autor na Coleção **L&PM** POCKET

A morte de Olivier Bécaille
J'accuse...! A verdade em marcha

Sumário

Prefácio – *Henri Guillemin* 7

A VERDADE EM MARCHA 25
    Prefácio do autor.. 27
    Sr. Scheurer-Kestner 29
    O sindicato... 35
    Auto de perguntas 42
    Carta à juventude 49
    Carta à França 58
    Carta ao sr. Félix Faure, Presidente da República
        (*J'accuse...!*) 69
    Declaração ao júri.. 84
    Carta ao sr. Brisson 93
    Justiça 103
    O quinto ato 114
    Carta à sra. Alfred Dreyfus 123
    Carta ao Senado 134
    Carta ao sr. Émile Loubet 149

ANEXOS 165
    Os artigos de Zola relativos ao caso Dreyfus
        não reunidos em *A verdade em marcha* 167
        I – Resposta à intimação
            Carta ao ministro da Guerra 167
        II – Uma nova ignomínia 172

Prefácio

por Henri Guillemin[1]

Antes de ver Zola engajar-se no caso e nele combater como jamais combateu, é necessário lembrar brevemente o que era esse caso e como ele se apresentava quando Zola se envolveu.

Nos últimos dias de setembro de 1894, o Serviço Francês de Informações apresenta uma peça bastante comprometedora, proveniente, ao que parece, da embaixada da Alemanha em Paris. Fora obtida por um agente francês (uma empregada de limpeza, que recebeu uma retribuição por esse serviço) no cesto de lixo do adido militar Von Schwartzkoppen. É uma carta não datada, não assinada e endereçada por um desconhecido a esse oficial alemão. Ela enumera (daí o nome que receberá: o borderô) informações relativas à defesa nacional francesa. Trata-se, pois, de um documento de espionagem, provavelmente de uma traição; e esses segredos passados à Alemanha, somente um oficial francês bem graduado é capaz de conhecer. Quem é o "traidor"?

Baseado numa fotografia dessa carta, um membro dos serviços do Estado-Maior, o tenente-coronel d'Aboville, declara, em 6 de outubro de 1894, que reconhece a caligrafia: é a de um oficial da artilharia, o capitão Alfred Dreyfus, que na primavera daquele ano fez um estágio no Estado-Maior.

Com uma estranha pressa – e a despeito de uma perícia solicitada ao melhor especialista possível, Gobert, do Banco da França, que se mostrou bastante cético quanto à atribuição do borderô ao capitão Dreyfus – o general Mercier, ministro da Guerra, ordena a detenção do capitão e o

---

[1]. Henri Guillemin (1903-1992), historiador francês, autor de dezenas de obras, entre as quais, *Zola, légende et vérité* e *Robespierre* (L&PM, 1989). (N.E.)

seu julgamento. O processo se realiza no final de dezembro de 1894. O comandante Henry, do Serviço de Informações, afirma a culpabilidade de Dreyfus: "O traidor que procuramos é ele! Eu juro!" O ministro, por sua vez, que se inquieta e teme uma absolvição (pois na verdade a acusação é desprovida de provas), entrega aos juízes militares – após o término dos debates e à revelia do acusado e do seu defensor, o que constitui literalmente uma infração – um "dossiê secreto", contendo uma carta escrita por Schwartzkoppen, que fala desse *"canalha* [sic] do D". *D* em maiúscula, nada mais. Mas os juízes são tacitamente convidados por seu superior a ler, sob essa inicial, o nome completo de Dreyfus. É a peça – a prova – que falta ao requisitório.

Em 22 de dezembro de 1894, o capitão Dreyfus é então reconhecido culpado e condenado à degradação militar e à deportação perpétua num reduto fortificado. Dreyfus será degradado em 5 de janeiro de 1895, no pátio da Escola Militar, e enviado à prisão da ilha do Diabo [na costa da Guiana Francesa].

Em abril do ano seguinte, o novo chefe do Serviço de Informações, o tenente-coronel Picquart, toma conhecimento de um telegrama que Schwartzkoppen destinava a um comandante francês da infantaria, o comandante Esterhazy. O texto dessa mensagem é estranho, alarmante. Picquart manda fazer um inquérito sobre Esterhazy, constata que é um sujeito desonesto, desacreditado, atolado em dívidas, e descobre, a partir de um exame de sua escrita, que ela é a mesma do borderô. Assim, o homem que há mais de um ano jaz na ilha do Diabo é inocente.

Picquart hesita, durante três meses, em falar, mas em agosto finalmente revela a seus chefes (o general Boisdeffre, chefe do Estado-Maior, e o general Gonse, subchefe) o que descobriu. Ele temia a reação deles e não estava enganado. Tanto um como o outro se opõem absolutamente à manifestação da verdade; para eles, a questão Dreyfus não deve ser colocada; Dreyfus continuará "culpado" e permanecerá na prisão.

Privado discreta mas efetivamente de suas funções, sabendo que lhe querem mal por sua descoberta e temendo o pior para a própria carreira, Picquart (que fora "exilado" na Tunísia), após meses e meses de um prudente silêncio e amedrontado com o que parece preparar-se contra ele no Estado-Maior, solicita em junho de 1897 uma licença. Vai a Paris e, para se precaver, põe um advogado, o sr. Leblois, a par do que sabe e das ameaças que pesam sobre ele. Intima Leblois a calar-se, proibindo-o expressamente de revelar a quem quer que fosse o que ficara sabendo sobre a inocência de Dreyfus; sua audiência com o advogado (em 21 de junho de 1897) tinha apenas o objetivo de colocar Leblois a seu favor no caso de alguma iniciativa desagradável dirigida contra ele próprio, Picquart, pelos chefes do Exército.

Leblois desobedece. Perturbado ao pensar na sorte que um inocente enfrenta já há trinta meses, ele decide fazer tudo para salvar e reabilitar esse infeliz cuja única culpa é ser judeu, e que paga pelo crime cometido por um outro, o inescrupuloso Esterhazy. Leblois solicita, e logo obtém, o apoio de um dos vice-presidentes do Senado, Scheurer-Kestner, alsaciano como Dreyfus e patriota como ele. Ambos constituem um dossiê basicamente formado pelas cartas de Esterhazy que, cotejadas com uma fotografia do borderô, estabelecem inquestionavelmente que este é obra do comandante.

Em vão Scheurer-Kestner procura o novo ministro da Guerra, general Billot, que é seu amigo e com quem tem ligação desde a infância. Mostra-lhe que, no interesse mesmo do Exército, uma revisão do processo de 1894 é necessária, que todos reconhecerão que o Conselho de Guerra se enganou de boa-fé, e Esterhazy tomará o lugar de Dreyfus na prisão, como convém. Mas Billot confessa a

Scheurer que para isso nunca terá a concordância de Boisdeffre. Após uma longa espera alimentada de esperanças ilusórias, Scheurer-Kestner decide por fim levar o caso a público. E o caso Dreyfus propriamente dito explode em 15 de novembro de 1897, quando Esterhazy é publicamente apontado ao Estado-Maior e à Presidência da República, como o culpado que deve, o mais cedo possível, substituir o capitão inocente na ilha do Diabo.

É então que Scheurer-Kestner e o pequeno grupo reunido a seu redor se dirigem a Zola, bem como a outras personalidades francesas, para que se juntem a essa obra de justiça indispensável e de uma clamorosa urgência.

Se o núcleo dos que logo serão chamados os *dreyfusards* pensou particularmente em Zola, é porque o escritor, no ano precedente, no *Figaro* de 16 de maio de 1896, havia publicado um artigo intitulado "Em favor dos judeus", no qual denunciava a imbecilidade e a vergonha do antissemitismo professado por Drumont, por exemplo, com seu jornal *La Libre Parole*.

Zola, porém, está afastado da polêmica. Não é mais, em 1897, o jovem de outrora que chamava a atenção por sua defesa dos impressionistas, com *Mon Salon* e *Mes Haines* [1866]. Está com 57 anos; é um senhor bem-estabelecido e candidato a uma cadeira na Academia; daria muito valor, realmente muito, a essa consagração que faria dele – após tantas disputas em torno do seu nome e os insultos que lhe valeram *Nana*, *Germinal* e, sobretudo, *La Terre* – um membro da Academia Francesa, numa posição indiscutível entre os homens de bem. Seria uma bela desforra! Suas chances aumentam, de eleição a eleição; cresce o número de seus "amigos" na majestosa confraria, fazendo Edmond de Goncourt empalidecer de raiva. Renan, que execrava Zola, era ontem um opositor, mas o grande pensador desapareceu... Zola confessará com toda a honestidade a Reinach, mais tarde, que, se estivesse ocupado com um livro – isto é, em pleno trabalho de criação – quando Marcel Prévost o procurou para pedir seu apoio em favor de Dreyfus, dificilmente teria aceito. Mas, no outono de 1897, ele terminara sua trilogia, *Lourdes*, *Rome*, *Paris* (este será impresso no inverno seguinte), e ainda não sabe a que novo livro vai se dedicar. Está livre, disponível e, portanto, dirá "sim" a Marcel Prévost.

O processo do capitão, em 1894, havia se passado sem chamar a atenção do romancista. Em 5 de janeiro de 1895, dia da degradação, Zola almoçava na casa de Alphonse Daudet e ouviu Léon, o filho deste, que assistira à cerimônia, relatá-la em detalhe. Ele chegou a pensar então em utilizar "essa cena terrível num romance", mas em nenhum momento lhe ocorreu a ideia de que se tratasse talvez de um erro judiciário. Nesse ponto, Zola tinha a mesma ingenuidade crédula de praticamente todos os franceses. Mas os documentos que agora lhe põem sob os olhos são claros, são mesmo irresistíveis: Esterhazy é o autor do borderô. Não resta a menor dúvida. É preciso forçar o Estado-Maior – o que não é fácil, estando em jogo o "espírito de corporação" – a reconhecer o erro cometido e a repará-lo sem demora. Aliás, da forma como se apresentam as coisas, o problema não é complicado, a prova está aí; a escrita do borderô é a de Esterhazy, não há necessidade de perícia; basta ver e constatar. Portanto o drama não será longo: Esterhazy será julgado e deve ser condenado. Tudo será resolvido em poucas semanas.

É com essa disposição que Zola empreende sua pequena campanha. Sem febre, sem violência, na tranquila convicção de que tudo se resolverá depressa e de que o sucesso é garantido. Como poderia ser de outro modo? Não há apenas a escrita do comandante, há também uma carta incontestável de Esterhazy que uma ex-amante sua (sra. de Boulancy, de quem Esterhazy não faz muito surrupiara trinta mil francos) entregou ao *Figaro*, que a reproduziu em fac-símile, ao lado do borderô. A carta imediatamente ficou célebre sob o nome de "Carta do ulano[2]": "Se esta noite", escrevia Esterhazy, "viessem me dizer que eu seria morto, amanhã, como capitão de ulanos atacando a golpes de sabre os franceses, eu ficaria muito feliz". Os nacionalistas não admitem que o Exército tenha podido se enganar, e o Estado-Maior tem suas razões para recusar obstinadamente, a despeito de tudo, uma revisão do caso Dreyfus. A direita inventou a existência de um "sindicato" judeu internacional, dotado de enorme capital e, naturalmente, de origem alemã, que teria se formado na sombra para caluniar o Exército francês e retirar do seu justo castigo o israelita criminoso. Zola não leva essas fantasias a sério. Inicialmente, entrega ao *Figaro* um artigo sobre Scheurer-Kestner, para explicar aos leitores que, se um homem tão calmo e sensato quanto Scheurer, e tão ardentemente francês (ele fora, em 1871, um dos "deputados protestadores" da Alsácia-Lorena na Assembleia Nacional[3]), engajava-se em favor de Dreyfus, é porque a causa era boa, o dossiê era sólido, e ninguém podia suspeitar que um homem de paz como esse vice-presidente do Senado tivesse intenções maléficas. Depois (em 1º de dezembro), Zola diverte-se com o "sindicato": claro que existe esse "sindicato", mas não é o fantasma e o monstro fabricado pelos antissemitas; é o sindicato "dos homens de boa vontade"; "faço parte dele e espero o mesmo de todos os homens honestos da França". Ainda num tom tranquilo, embora já um pouco mais animado, publica o "Auto de perguntas" em 5 de dezembro.

Mas as fúrias se desencadeiam, e Zola constata que a

---

2. Soldado da cavalaria armado de lança ou sabre. (N.T.)

3. Em 1871, após a derrota francesa para a Prússia, e conforme especificado pelo tratado realizado entre as duas nações, foi eleita uma assembleia nacional que deveria pôr em prática o acordo de paz. (N.E.)

verdade é o que menos importa para os defensores do Estado-Maior. Daí seus dois textos, cheios de arrebatamento: *Carta à juventude*, em 14 de dezembro de 1897, e *Carta à França*, em 6 de janeiro de 1898. Ainda assim, Zola estava longe de prever o que se passaria em 11 de janeiro. Esterhazy – cujos passos e atitudes são todos guiados por Henry e du Paty de Clam, que agem em favor dos interesses militares – pede para ser julgado. O general Pellieux lhe disse que ele nada tem a temer, e os delegados do Estado-Maior lhe demonstraram que, denunciado como está, só terá segurança após uma sentença que o absolva de maneira absoluta: "*res judicata pro veritate habetur*". Absolvido pelo Conselho de Guerra (não há perigo algum, a absolvição é certa: há sempre "peritos" dóceis, mesmo diante da evidência), ele estará então protegido contra qualquer inconveniente. E o que parecia inconcebível é exatamente o que se realiza. Em 1894, foram necessários quatro dias para declarar culpado, sem provas, o inocente Dreyfus; bastarão apenas 48 horas, e a despeito das provas mais arrasadoras, para declarar inocente o criminoso Esterhazy.

Desta vez, na noite de 11 de janeiro de 1898, quando toma conhecimento da prodigiosa sentença de absolvição, Zola é sacudido até as raízes. Uma espécie de alarme soou dentro dele.

Barrès se esforçará por afirmar que o caso Dreyfus é miserável; uma "historieta", diz ele, suscetível apenas àquele "interesse grosseiro" que se tem por um "romance de folhetim".[4] Não é o que pensa Zola. Como ele escreverá em 1902 no seu romance *Vérité* [Verdade], o caso Dreyfus é "a história de um judeu crucificado". No entanto, ele se mantivera até então cuidadosamente afastado da política. Depois de *L'Assomoir* [*A taberna*, 1876], proibira-se de ser um reformador. "Apenas verbalizo", dizia; impedia-se de

---

4. Maurice Barrès, *Cahiers*, II, 116. (N.A.)

"concluir": "A conclusão escapa ao artista" e não lhe diz respeito. Com *Germinal* [1885], uma imprudência; como o tema o empolgou muito e porque foi ver no local os mineiros, ele se comprometeu a ponto de dizer em voz alta: é verdade, o que eu quis foi lançar "um tal grito" para que essa pobre gente, esses trabalhadores a França parem de "se deixar devorar". Depois, como se tivesse medo da própria audácia, aparecem sucessivamente, em *La Terre* [A Terra, 1887] e *La débâcle* [*A derrocada*, 1892], dois homens expressamente designados por ele como "socialistas", Canon e Chouteau, ambos pintados como repugnantes. Em *La débâcle*, ele aprova até mesmo os versalheses de 1871, não hesitando em escrever que sua vitória, sua atroz vitória sobre os participantes da Comuna, não era senão "a parte sadia da França, a razoável, a ponderada, a camponesa", suprimindo "a parte louca [...] perdida em fantasias e folguedos". Pode-se perguntar se o triste apetite de Zola pelo disfarce acadêmico não estaria um pouco ligado a tais afirmações. Mas convém acrescentar que *Paris*, que ele acabara de escrever em 31 de agosto de 1897, era como um arrependimento de sua *Débâcle* de 1892, pois ali a exploração burguesa aparece nua e em termos impróprios para agradar a alta sociedade.

O caso Esterhazy-Dreyfus levanta tamanhas paixões que lançar-se nele é precipitar-se num combate selvagem. E o temperamento de Zola não o predispõe a enfrentar tal tumulto. Se é um escritor forte com a pena na mão, na discussão oral falta-lhe serenidade e presença de espírito. Além disso, é totalmente desprovido de qualidades oratórias. Como presidente da Sociedade dos Homens de Letras, seus discursos viraram uma espécie de atração: gaguejando e repetindo, ele lia folhas que sua miopia o obrigava a colocar quase junto ao nariz, e, mesmo no cemitério – eu diria, sobretudo no cemitério –, para as homenagens de despedida aos colegas falecidos, Zola se destacava por provocar deploravelmente risos contidos. Aliás, no ano precedente, o dr. Toulouse, "chefe clínico das doenças mentais na Faculdade de Medicina de Paris", publicara – com a corajosa concordância e um prefácio do romancista em pessoa – um estudo "médico-psicológico" sobre o seu caso; e todos ficaram sabendo que Zola, embora descreva tão bem as multidões, as evita por causa de um pânico incontrolável; que as tempestades o apavoram, e sua "emotividade" é "excessiva", apresentando mesmo aspectos "mórbidos" com "reações desordenadas".

É esse homem, sujeito a tantas incapacidades e desvantagens, que, no entanto, vai se lançar de cabeça na batalha em defesa de Dreyfus e da verdade pisoteada. Por que ele faz isso? Acredito que é porque há nele zonas de má consciência, de perturbações e remorsos. Os companheiros de outrora franziram as sobrancelhas ao vê-lo solicitar os sufrágios dos acadêmicos, ele que, em 1879, falara sem indulgência dessa famosa academia. Através do seu Souvarine, em *Germinal*, Zola disse que os políticos são homens que "fazem carreira com frases"; mas foi também "com frases", escritas, que ele "fez carreira" e enriqueceu; além disso, será realmente verdade que, se seus livros atingem grandes tiragens, é em razão do "grande sopro marinho" (como ele disse em *Le Docteur Pascal* [1893]) que os atravessa e sustenta? Não seria antes por causa do que chamam sua "ousadia" e da brutalidade do seu realismo, e pelo gosto sombrio que há nos homens pela luxúria, o sangue e a morte?

A propósito de George Sand, vinte anos antes, atacou o adultério; no entanto, nos últimos dez anos, é no adultério que vive. Tenho a impressão, e não creio estar enganado, que, ao tomar o partido que tomará em 2 de janeiro de 1898, Zola responde a um mandamento interior. *É preciso que Dreyfus, um inocente, seja reabilitado;* mas é uma outra reabilitação, muito silenciosa, que Zola busca ao mesmo tempo: a sua própria. Pois o que vai fazer lhe será muito custoso: sobre esse ponto, ele não tem a menor ilusão. Mas tanto faz, ou tanto melhor.

A Academia? É ele mesmo que, de uma só vez, vai sabotar sua candidatura ao tocar na arca sagrada, no Estado-Maior, símbolo convencional da pátria, e cujo culto, aos olhos de milhões de franceses, substituiu o do "sagrado coração" e do papa. A "religião da pátria", como dizia Jules Ferry, o inventor dos "batalhões escolares"... Mas não é apenas o ingresso na Academia Francesa que Zola deliberadamente abandona; é a audiência do público que ele vai perder ao tornar-se o blasfemador, o inaceitável, o intolerável, "o público" que o faz viver. Digo "viver" no sentido de ganhar a vida, mas também no sentido mais literal da palavra: respirar, existir, sobreviver. É igualmente esse perigo que ele corre, o perigo de fazer-se matar. Pois agora o frenesi mortífero está desencadeado, e nas ruas elevam-se gritos de morte contra os *dreyfusards*. "Os nacionalistas", confessará Daniel Halévy em seu *Péguy* de 1941 (Daniel Halévy, aliado então do governo de Vichy, certamente não tinha nada de demagogo), "mandaram vir matadores de Argel."

Durante todo o dia 12 de janeiro de 1898, Zola redige uma "Carta ao Presidente da República"; o texto deve aparecer no dia seguinte no jornal de [Georges Benjamin] Clemenceau, *L'Aurore*. Clemenceau conservará o título dado por Zola, mas impresso em caracteres modestos, e fará um outro, em caracteres enormes, intitulando o artigo: "J'accuse" [Eu acuso].

Péguy dirá sua admiração pela "arquitetura" dessas páginas e por seu elã: evocará, a propósito, *Les Châtiments* [Os castigos] de Victor Hugo. Mas Péguy não parece ver que há uma diferença entre o texto de *J'accuse* e o de *Les Châtiments*: este é polêmica (terrível, e de uma poderosa beleza), enquanto *J'accuse* é estratégia. Léon Blum compreendeu perfeitamente isso e o indica em seus *Souvenirs de l'Affaire*, de 1935; tratava-se, diz ele, de "abrir à força o processo público" de Dreyfus e de Esterhazy. De fato, era essa a intenção de Zola. Para conceber a ideia que ele teve, era preciso uma inteligência ágil e, para colocá-la em prática, uma coragem séria. Já que a absolvição – inacreditável, inédita – de Esterhazy está consumada, já que Dreyfus, apesar de todas as evidências, vê assim confirmada sua condenação, enfim, já que agora está definitivamente estabelecido que, enquanto o Estado-Maior se arrogar o direito de "fazer justiça", a verdade permanecerá sepultada, não resta senão um recurso para salvar o inocente e confundir os criminosos: encontrar o meio de arrancar o caso Dreyfus do Exército e levá-lo a um tribunal civil. Perder-se-á o processo, isso é certo, mas ao menos ele não ficará nas trevas de que se cerca o tribunal militar, se realizará publicamente, não mais a portas fechadas. Zola resolve, portanto, se expor a ações judiciais civis, a solicitá-las e provocá-las. Oferece-se em holocausto. Comparece aos tribunais. Mas a imprensa francesa e internacional estará lá; e se pessoalmente é canhestro ao falar e dominado por sentimentos que lhe dificultam a ação no tribunal, seus defensores saberão dizer o que importa, para fazer ouvir, ou ao menos adivinhar, ou ao menos pressentir à França e ao universo, que um crime foi perpetrado, um escândalo inominável, que uma ignomínia foi cometida e que Dreyfus é inocente.

Donde o artigo publicado por Zola no *L'Aurore* de 13 de janeiro de 1898 (o jornal terá uma tiragem de 300 mil exemplares); agressão calculada: "acuso o general Mercier [...] acuso o general Billot [...] acuso o general de Boisdeffre e o general Gonse [...]" etc. Junto com a carga de dinamite ele diz: "Ao fazer essas acusações, não ignoro que incorro nos artigos 30 e 31 da lei de imprensa [...] e é voluntariamente que o faço". E desafiou que o levassem ao tribunal, e que o inquérito fosse realizado publicamente. O

Estado-Maior procura frustrar a manobra e tenta dissuadir o governo: respondam com o desprezo! Nenhum processo contra Zola! Em contrapartida, ingênuos como Albert de Mun exigem que "a honra do Exército" seja vingada e que o "antipatriota" infame seja processado, condenado e banido da nação. Boisdeffre crê imaginar uma saída ao sugerir só processar Zola por uma única frase, mais exatamente por duas palavras do seu artigo; não ousou o escritor dizer que os membros do Conselho de Guerra absolveram Esterhazy "por ordem", como se juízes militares conhecessem outro imperativo além do de sua consciência? Com isso o presidente do tribunal terá a missão de cortar a palavra a todo aquele que quiser se afastar desse tema estreito e preciso e aventurar-se no fundo das coisas, isto é, no próprio caso Dreyfus. O processo do romancista começará em 7 de fevereiro de 1898 e durará até o dia 23 daquele mês.

Alphonse Daudet, que não é um Zola, que sabe navegar e não iria se arriscar em semelhante loucura, tentou em vão reter o confrade: "Você vai afundar, meu caro!" Advertência desnecessária. Zola sabe muito bem o que o espera, e é sem surpresa que verá, na *Revue de Paris*, o honorável Denys Cochin indignar-se diante do seu inqualificável atentado. Brunetière, durante um jantar mundano (estão presentes Paul Hervieu, paleólogo, René Bazin, a baronesa de Pierrebourg), explode: o "artigo" de Zola é "um monumento de tolice e de impertinência". Para Henri Rochefort, "J'accuse" é "uma fanfarronada de intelectual embriagado", e o sr. Zola, "o parvo Zola", com "seu orgulho doentiamente imbecil", é, sem saber, o instrumento dos "judeus do sindicato". Barrès irá proclamar: "Esse homem não é um francês". E Sorel escarnecerá: Zola? O indivíduo "mais representativo da bufonaria deste tempo"; "personagem enfadonho" e "espírito muito pequeno"; um "palhaço", não mais que isso, "um palhaço que se exibe diante de uma barraca de feira"; "sua decepção foi grande quando percebeu que os tribunais estão organizados para julgar os criminosos e não para ouvir dissertações históricas e literárias"; esse grotesco imaginava "que os oficiais seriam forçados a vir lhe explicar sua conduta"![5]

Sobre a atmosfera na qual se desenrolou o processo do romancista, os jornais da época nos informam. Eis o que diz *L'Echo de Paris* em 8 de fevereiro de 1898, relatando a chegada de Zola ao Palácio da Justiça, na véspera: "Um formidável clamor se eleva: 'Abaixo Zola! Abaixo os judeus!' [...] O romancista desce do veículo. Está curvado, trêmulo, de uma palidez extrema. Baixa a cabeça como para se assegurar de que o chão não lhe faltará sob os pés". No mesmo dia, *Le Gaulois* escreve: "O sr. Zola foi reconhecido, e imediatamente um violento clamor parte de todos os lados: 'Abaixo Zola! Viva o Exército!'" Eis a notícia em *Le Figaro*: "Os carros estacionam. Do primeiro desce o sr. Émile Zola [...] Ressoam gritos diversos: 'Abaixo o crápula! Viva Zola! Abaixo Zola!' Esse último grito abafa os outros". O diário nacionalista *Le Jour* relata como segue o que ele chama de "A fuga do sr. Zola", após a primeira audiência: "Policiais afastam os curiosos; gritos 'Abaixo Zola!' se elevam [...] Os manifestantes se precipitam [...]: vários estendem o punho [...] Em número de duzentos ou trezentos, correm atrás do carro". O mesmo jornal assinala também que "Quinhentas jovens de Viena" teriam, dizem, redigido uma "mensagem" para felicitar o escritor: "Não há dúvida", comenta o jornal conservador, "que se trata daquelas amáveis pessoas que se veem, desde a manhã, fazer o *trottoir* na Graben.[6]"

---

5. Georges Sorel, *La Révolution dreyfusienne*, p. 29-30. Há sobre Sorel uma lenda interessante na qual não poucos acreditaram (Péguy, infelizmente, é um deles). Fico feliz de citar aqui palavras que dizem muito sobre quem foi realmente o personagem. (N.A.)

6. Uma das mais célebres vias públicas da capital austríaca. (N.E.)

Zola não escreverá o relato do seu processo; no entanto, ele havia se proposto a fazê-lo, como provam estas notas, escritas por ele: "A assistência; os advogados no chão; os desenhistas; as pessoas exasperantes; o júri mudo, sem uma pergunta; os efeitos de luz; as nuvens que passam e obscurecem a sala; traços do sol nas paredes que olho, no ar"; "minhas reflexões durante as longas audiências [...] as cãibras que sinto, em alguns momentos; a necessidade de andar [...] O efeito dessas longas sessões sem ar [...] a espécie de pesadelo que nos domina [...] os oficiais insolentes; a sala repleta de oficiais à paisana". E, no final, "abraçavam Esterhazy enquanto me vaiavam". Ele não foi brilhante, esse hipernervoso, e lançou irrefletidamente, em 8 de fevereiro, uma declaração descontrolada, uma frase-gafe: "Não conheço a lei e nem quero conhecê-la!" O jornalista G. Méry nos deixou um precioso registro cinematográfico das atitudes do acusado: "Ele morde o bastão da sua bengala, passa a mão no pescoço, afasta ou sacode os dedos à maneira dos pianistas que temem cãibras, enxuga o monóculo, agita a perna esquerda, ajusta o colarinho, olha no ar, alisa o bigode, bate os joelhos, sacode a cabeça, crispa as narinas, vira-se para a direita e a esquerda".

Ele será condenado, é claro. Pena máxima: um ano de prisão sem *sursis* e três mil francos de multa. Aparentemente ele perdeu. Na verdade, ganhou. Pois seu processo induziu o adversário a inadvertências desastrosas. O general de Pellieux cometeu a inconsciência de desmascarar em parte a peça (falsa) que o Estado-Maior devia ao devotamento incondicional do comandante Henry, peça que, nos altos escalões, sabiam ser forjada, fictícia e nula, e que devia ser mencionada como decisiva, enorme e esmagadora para Dreyfus, mas sem nunca, nunca, ir além dessa evocação misteriosa. Um documento irrevelável, sob pena de ocasionar, entre a França e a Alemanha, um *casus belli*. Uma peça cujo conhecimento, a rigor, deveria se restringir a alguns oficiais selecionados e confiáveis, mas que de maneira alguma poderia ser exposta ao público. Uma peça que deveria ser uma sombra formidável brandida através de uma vaga cortina de fumaça. E esse imbecil do Pellieux, esse tagarela, vem dizer mais ou menos do que se trata! O lapso é tão grave que Boisdeffre, que já fizera, constrangido e forçado, seu número obrigatório no tribunal, reaparece para salvar a situação e não vê outra saída senão a chantagem em grande estilo: Sim, Dreyfus é culpado! Sim, temos a prova, irrefutável, de sua traição, mas nada mais posso dizer; segredo militar, segredo de Estado. Portanto, uma escolha se impõe: ou vocês confiam em nós e condenam Zola, ou vou-me embora, vamos todos embora, nós que temos a guarda da defesa nacional. Demissão imediata, se absolverem Zola; e então não se sabe o que será de nossa querida e desditada pátria! O artifício era tão grosseiro, a comédia, tão flagrante, que nada poderia servir melhor à causa do inocente. É em torno do "documento Pellieux" que tudo agora vai girar. Os *dreyfusards* não descansarão enquanto essa peça, que resolveria finalmente a questão, não for conhecida. Em 7 de julho de 1898, o ministro da Guerra, Cavaignac, um civil (que erro funesto!), acredita dever, para "furar o abscesso", promover a leitura da peça secreta na tribuna da Câmara. Numa série de artigos, de uma argumentação cerrada e constrangedora, Jaurès[7] demonstrará a inanidade da pseudoprova, que só poderia ser um documento falso. E, em 30 de agosto de 1898, o tenente-coronel Henry, sob o interrogatório de Cavaignac, acabará cedendo e confessando: é verdade, é verdade; essa carta atribuída a Dreyfus, fui eu, Henry, que a forjei, pois "meus chefes estavam inquietos". É o começo do fim. Dreyfus está a caminho da libertação.

A quem ele deve isso? A Zola. Sem ele, sem "J'accuse", Dreyfus teria morrido na prisão.

---

7. Benjamin Jaurès (1823-1889): almirante e político francês. (N.E.)

Zola recorrerá. Em 18 de julho de 1898, comparece de novo no tribunal, mas para ouvir a corte renovar sua sentença. Por instigação de Clemenceau (pouco inspirado), em vez de ir para a prisão, como desejava, ele se refugia na Inglaterra e lá reside durante um ano, só voltando à França após a cassação do julgamento de 1894; e então assiste, ultrajado, à vergonhosa liquidação do caso organizada pelo Partido Radical, de pleno acordo com Gallifet, o novo ministro da Guerra nomeado por Waldeck-Rousseau. Dreyfus é novamente condenado, em Rennes, mas *pro forma*. O capitão, dez dias mais tarde, é indultado. Medida que é o prelúdio do "esquecimento" meditado, preparado e efetuado pelo governo e o Estado-Maior, uma anistia geral – e sobretudo preventiva. O que significa: não há sanções! Nada de sanções! O Exército é intocável, os culpados permanecerão impunes. Como escreverá muito bem Julien Benda na *Revue Blanche*: durante cinco anos, nos repetiram que os generais estavam acima de qualquer suspeita; hoje se apressam a "anistiá-los de antemão".

O romancista não verá a reabilitação de Dreyfus, que só ocorrerá, graças a Jaurès e a Émile Combes, em 1906. Nessa data, Zola está há quatro anos no túmulo. Ele nunca saberá a última palavra da história; insistirá em considerar Henry como um traidor e Picquart como um herói, quando Henry era apenas um subordinado exemplar, que sabia da inocência de Dreyfus, mas tinha por princípio que os chefes têm sempre razão e que, para um oficial interessado em promoção, nunca é demais agradar os superiores; quanto a Picquart, o antissemita, se sua carreira não tivesse sido cruelmente prejudicada por seu passo em falso de 1896, quando, após longas hesitações, revelou a seus chefes o crime de Esterhazy, a sorte do capitão Dreyfus o teria deixado perfeitamente indiferente. Zola ignorará que todo o caso se baseava no pavor que o Estado-Maior e os "homens de bem" sentiam ante a possibilidade de ver maculado o nome de um alto personagem militar (provavelmente o "generalíssimo" Saussier), se o imundo Esterhazy não fosse acobertado a qualquer preço; daí a proteção repulsiva, mas vigilante, com que os generais o cercaram.

Mas não é isso o que nos interessa aqui, e sim o que aconteceu com Zola. "O caso Dreyfus me tornou melhor": ele pronunciará essas palavras sem elevar a voz, mas distintamente. O caso foi para ele a oportunidade de se reencontrar e de se realizar, uma oportunidade que ele não afastou. Seu filho Jacques-Émile – de quem saúdo aqui a alta e nobre memória (e acreditem que peso os meus termos) – me disse mais de uma vez a convicção que tinha de que seu pai, quando desapareceu subitamente em 1902, asfixiado no seu quarto, fora vítima de um "assassinato". Eu não saberia me pronunciar. Mas uma coisa é certa, a direita odiava esse combatente, verdadeiro republicano; e sabia-se que ele escrevia então um romance sobre o caso. Que a direita tenha mandado matá-lo, não me parece nada impossível.

A VERDADE EM MARCHA

A verdade está em marcha e nada a deterá.

Prefácio do autor

Julgo necessário recolher, neste volume, os artigos que publiquei sobre o caso Dreyfus durante um período de três anos, de dezembro de 1897 a dezembro de 1900, à medida que os acontecimentos se desenrolavam. Quando um escritor fez julgamentos e assumiu responsabilidades, seu estrito dever é apresentar aos olhos do público o conjunto do seu papel e os documentos autênticos a partir dos quais será possível julgá-lo. E, se a justiça não lhe for feita hoje, ele poderá esperar em paz, o amanhã terá todo o dossiê, que deverá ser suficiente para fazer a verdade um dia aparecer.

No entanto, não me apressei em publicar este volume. Primeiro, queria que o dossiê estivesse completo, que um período bastante claro do caso se achasse terminado; e assim tive de esperar que a lei da anistia viesse encerrar esse período, à guisa de desfecho pelo menos temporário. Depois, muito me repugnava que pudessem julgar-me ávido de uma publicidade ou de um ganho qualquer numa questão de luta social, em que o homem de letras, o profissional, fazia questão absoluta de não obter qualquer benefício. Recusei todas as ofertas, não escrevi nem romances nem dramas, e talvez não venham a me acusar de querer ganhar dinheiro com essa história tão pungente que comoveu a humanidade inteira.

Minha intenção, mais tarde, é utilizar em duas obras as notas que tomei. Gostaria de, com o título "Impressões de audiências", contar o meu processo, narrar todas as coisas monstruosas e as estranhas figuras que desfilaram diante de mim, em Paris e em Versalhes. E gostaria de, com o título "Páginas do exílio", contar os meus onze meses na Inglaterra, os ecos trágicos que repercutiam em mim a cada despacho desastroso vindo da França, tudo o que se evocava longe da pátria, os fatos e os personagens, na completa solidão em que me vi murado. Mas são desejos, projetos simplesmente, e é bem possível que nem as circunstâncias nem a vida me permitam realizá-los.

Aliás, não seria então uma história do caso Dreyfus, pois minha convicção é que essa história não poderia ser escrita hoje, em meio às paixões atuais, sem os documentos que ainda nos faltam. Será preciso um recuo e, sobretudo, o estudo desinteressado das peças que o imenso dossiê preparara. E gostaria unicamente de dar minha contribuição a esse dossiê, deixar meu testemunho, dizer o que soube, o que vi e ouvi, desde o ângulo do caso no qual atuei.

Assim me contento, até lá, em reunir neste volume os artigos já publicados. Naturalmente não alterei nenhuma palavra, deixando-os com suas repetições, com a forma dura e solta de páginas escritas muitas vezes às pressas. Acreditei apenas dever acompanhá-los, abaixo dos títulos, de pequenas notas em que dou algumas explicações necessárias para ligar todos esses artigos, remetendo-os às circunstâncias que me levaram a escrevê-los. Deste modo, a ordem cronológica é indicada, os artigos retomam seu lugar após os grandes abalos do caso e o conjunto deles aparece nitidamente, em sua lógica, apesar dos longos silêncios em que me encerrei.

E, repito, esses artigos não são mais que uma contribuição ao dossiê em formação do caso Dreyfus, os poucos documentos da minha ação pessoal cuja compilação fiz questão de deixar à História e à Justiça de amanhã.

Émile Zola
Paris, 1º de fevereiro de 1901.

SR. SCHEURER-KESTNER

Páginas publicadas no *Figaro*, em 25 de novembro de 1897.

Em 1894, no momento em que começou o caso Dreyfus, eu estava em Roma e só retornei por volta de 15 de dezembro. Lá, eu naturalmente lia pouco os jornais franceses. É o que explica o meu estado de ignorância, a espécie de indiferença em que fiquei por muito tempo a respeito desse caso. Foi somente em novembro de 1897, quando voltei do campo, que comecei a me apaixonar: as circunstâncias permitiram que eu conhecesse os fatos e alguns dos documentos, publicados mais tarde, que foram suficientes para tornar minha convicção absoluta, inabalável. Observe-se, porém, nestas primeiras páginas, que o profissional, o romancista, estava particularmente seduzido e exaltado pelo drama. A piedade, a fé, a paixão pela verdade e a justiça vieram a seguir.

Que drama pungente, e que soberbos personagens! Diante desses documentos de uma beleza tão trágica que a vida nos traz, meu coração de romancista vibra numa admiração apaixonada. Não conheço nenhuma psicologia mais elevada.

Minha intenção não é falar do caso. Se as circunstâncias me permitiram estudá-lo e estabelecer uma opinião formal, não esqueço que um inquérito está aberto e que é de esperar que a justiça e a simples honestidade se imponham, desvencilhando-se dos abomináveis mexericos com que se obstrui um caso tão claro e tão simples.

Mas os personagens, a partir de hoje, me pertencem, a mim que sou apenas um passante cujos olhos estão abertos para a vida. E se o condenado de há três anos e o acusado de hoje continuam sendo sagrados para mim enquanto a justiça não tiver feito a sua obra, o terceiro grande personagem do drama, o acusador, também merece que se fale dele honesta e corajosamente.

Isto é o que vi no sr. Scheurer-Kestner, o que penso e o que afirmo. Talvez um dia, se as circunstâncias permitirem, eu fale dos outros dois.

Uma vida de cristal, a mais nítida, a mais correta. Nenhum desvio, nenhuma fraqueza. Uma mesma opinião, constantemente seguida, sem ambição militante, e que levou a uma alta situação política devida apenas à respeitosa simpatia dos seus pares.

E não um sonhador, nem um utopista. Um industrial, que viveu encerrado no seu laboratório, entregue a pesquisas especiais, sem contar a preocupação cotidiana de uma grande casa de comércio a governar.

E, acrescento, uma alta situação de fortuna. Todas as riquezas, honrarias e felicidades o coroam com uma bela vida, dedicada inteiramente ao trabalho e à lealdade, sem outro desejo a formular senão o de findar dignamente nessa alegria e nessa boa fama.

Eis, portanto, o homem. Todos o conhecem, ninguém poderia desmentir-me. E eis o homem que vai protagonizar o mais trágico, o mais apaixonante dos dramas. Um dia uma dúvida cai no seu espírito, pois essa dúvida está no ar e já perturbou mais de uma consciência. Um conselho de guerra condenou, por crime de traição, um capitão que talvez seja inocente. O castigo foi terrível, a degradação pública, a prisão distante, toda a execração de um povo que se lança contra o miserável caído no chão. E se ele fosse inocente, meu Deus!, que arrepio de imensa piedade!, que frio horror à ideia de que não haveria reparação possível!

A dúvida nasceu no espírito do sr. Scheurer-Kestner. A partir de então, como ele mesmo explicou, o tormento começa, a obsessão renasce de acordo com o que ele fica sabendo. É uma inteligência sólida e lógica que, aos poucos, será conquistada pela insaciável necessidade da verdade. Nada é mais elevado, nada é mais nobre, e o que se passou nesse homem é um extraordinário espetáculo que me entusiasma, a mim cujo ofício é debruçar-me sobre as consciências. Não há luta mais heroica que o debate da verdade em favor da justiça.

Abrevio: o sr. Scheurer-Kestner tem enfim uma certeza. Ele conhece a verdade e vai buscar a justiça. É o minuto terrível. Para um espírito como o dele, imagino como deve ter sido esse minuto de angústia. Ele não ignorava as tempestades que haveria de suscitar, mas a verdade e a justiça são soberanas, pois somente elas asseguram a grandeza das nações. É possível que interesses políticos as obscureçam por um momento, mas todo povo que não baseasse nelas sua única razão de ser seria hoje um povo condenado.

Trazer a verdade é bom, mas pode-se ter a ambição de fazer disso uma glória. Alguns a vendem, outros querem pelo menos obter uma vantagem por tê-la dito.

O projeto do sr. Scheurer-Kestner, ao fazer sua obra, era desaparecer. Ele resolveu dizer ao governo: "Aqui está. Assumam esse caso, tenham vocês mesmos o mérito de ser justos, reparando um erro. Ao cabo de toda justiça, há um triunfo". Circunstâncias sobre as quais não quero falar fizeram com que não o escutassem.

A partir desse momento ele conheceu o calvário que há semanas vem subindo. Espalhou-se o boato de que ele tinha a verdade em mãos, e um homem que detém a verdade sem proclamá-la aos quatro ventos pode ser outra coisa senão um inimigo público? Estoicamente, de início, durante quinze intermináveis dias, ele foi fiel à palavra que havia dado de calar-se, sempre na esperança de que não precisaria assumir o papel daqueles a quem cabia agir. E sabemos a maré de invectivas e ameaças que se lançou contra ele durante esses quinze dias, toda uma onda de acusações imundas, sob a qual permaneceu impassível, de cabeça erguida. Por que se calava? Por que não abria o seu dossiê ao primeiro que aparecesse? Por que não fazia como os outros, que enchem os jornais com suas confidências?

Ah, como ele foi grande e sábio! Se manteve-se calado, além mesmo da promessa que fizera, é justamente porque buscava a verdade. Essa pobre verdade, nua e trêmula, vaiada por todos que pareciam interessados em sufocá-la, ele só pensava em protegê-la contra tantas paixões e cóleras. Jurou que não a escamotearia, e entendia escolher a hora e os meios para assegurar-lhe o triunfo. O que de mais natural, de mais louvável? Não sei de nada mais soberanamente belo do que o silêncio do sr. Scheurer-Kestner, nessas três semanas em que todo um povo enlouquecido suspeita dele e o injuria. Criem essa figura, romancistas, e terão um herói!

Os mais suaves emitiram dúvidas sobre o seu estado de saúde cerebral. Não era um velho debilitado, caído na infância senil, um desses espíritos que a incontinência fecal e urinária predispõe a toda credulidade? Os outros, os loucos e os bandidos, o acusaram simplesmente de ter recebido "uma boa grana". É muito simples, os judeus deram um milhão para comprar essa inconsciência. E uma risada imensa não se elevou para responder a tamanha estupidez!

O sr. Scheurer-Kestner está aí, com sua vida de cristal. Ponham diante dele os outros, os que o acusam e o insultam. E julguem. É preciso escolher entre estes e aquele. Descubram então a razão que o faria agir, independente da sua necessidade tão nobre de verdade e de justiça. Coberto de injúrias, com a alma dilacerada, sentindo tremer sob os pés sua posição elevada, disposto a sacrificar tudo para levar ao fim sua heroica tarefa, ele se cala, ele espera. E isso é de uma extraordinária grandeza.

Como eu disse, não quero me ocupar do caso em si mesmo. Mas é preciso que eu repita: ele é o mais simples, o mais claro do mundo, quando aceitarem tomá-lo pelo que é.

Um erro judiciário é algo de uma eventualidade deplorável, mas sempre possível. Magistrados se enganam, militares podem se enganar. Em quê a honra do Exército estaria comprometida nisso? A única e correta coisa a fazer, se um erro foi cometido, é repará-lo; e a falta só começaria no dia em que se obstinassem em não querer admitir o erro, mesmo diante de provas decisivas. No fundo, não há outra dificuldade. Tudo correrá bem quando tiverem reconhecido que um erro pôde ser cometido e que se hesitou a seguir diante do aborrecimento de confessá-lo. Os que sabem me compreenderão.

Quanto às complicações diplomáticas a temer, é um espantalho para os tolos. Nenhuma potência vizinha tem algo a ver com o caso, é o que se deve declarar abertamente. Estamos apenas diante de uma opinião pública exasperada e fatigada pela mais odiosa das campanhas. A imprensa é uma força necessária; creio, em suma, que ela faz mais bem do que mal. Mesmo assim alguns jornais são culpados, uns por desnortear, outros por aterrorizar, por criar escândalos a fim de triplicar suas vendas. O antissemitismo imbecil insuflou essa demência. A delação está em toda parte, os mais puros e os mais corajosos não ousam cumprir seu dever, por temerem sujar-se de lama.

E chegamos a esse terrível lodaçal em que todos os sentimentos são falseados, em que não se pode querer a justiça sem ser chamado de interesseiro ou de vendido. As mentiras se espalham, as histórias mais tolas são reproduzidas pelos jornais sérios, a nação inteira parece atingida de loucura, quando bastaria um pouco de bom-senso para recolocar as coisas no lugar. Ah! como será simples, digo outra vez, no dia em que os mestres ousarem, apesar da multidão amatilhada, ser homens corajosos!

Imagino que, no altaneiro silêncio do sr. Scheurer-Kestner, houve também o desejo de esperar que cada um fizesse seu exame de consciência, antes de agir. Quando falou do seu dever que, mesmo sobre as ruínas da sua alta situação, da sua fortuna e da sua felicidade, lhe ordenava dizer a verdade, tão logo a conheceu, ele disse esta frase admirável:

– Eu não teria podido viver.

Pois bem, é o que devem se dizer todos os homens honestos envolvidos nesse caso: eles não poderão mais viver se não fizerem justiça.

E, se razões políticas quisessem que a justiça fosse retardada, seria uma nova falta que apenas adiaria o inevitável desfecho, agravando-o ainda mais.

A verdade está em marcha e nada a deterá.

O SINDICATO

Páginas publicadas no *Figaro*, em 1º de dezembro de 1897.

Eu contava desde então apresentar neste jornal uma série de artigos sobre o caso Dreyfus, toda uma campanha, à medida que os acontecimentos se desenrolavam. O acaso de um passeio me fez encontrar o diretor, sr. Fernand de Rodays. Conversamos com alguma paixão em meio aos passantes, e então me decidi bruscamente a oferecer-lhe artigos, sentindo-o em concordância comigo. Assim me vi engajado, sem ter premeditado. Mas acrescento que eu teria falado num momento ou noutro, pois o silêncio me era impossível. Todos se lembram com que vigor o *Figaro* começou e sobretudo acabou por conduzir o bom combate.

A concepção é conhecida. Ela é de uma baixeza e de uma estupidez simplista, digna dos que a imaginaram.

O capitão Dreyfus é condenado por um conselho de guerra por crime de traição. A partir de então, ele se torna o traidor, não mais um homem, mas uma abstração, encarnando a ideia da pátria degolada, entregue ao inimigo vencedor. E não só a traição presente e futura: ele representa também a traição passada, pois o culpam pela derrota antiga, na ideia obstinada de uma traição perene.

Eis a alma negra, a abominável figura, a vergonha do Exército, o bandido que vende seus irmãos, como Judas vendeu seu Deus. E, como ele é judeu, é muito simples: os judeus, que são ricos e poderosos – e além disso sem pátria – vão trabalhar subterraneamente, com seus milhões, para tirá-lo da dificuldade, comprando consciências, envolvendo a França num execrável complô, para obter a reabilitação do culpado e eventualmente substituí-lo por um inocente. A família do condenado, também judia naturalmente, entra no caso. E um caso que na verdade é um negócio, pois se trata de desonrar a justiça a preço de ouro, de impor a mentira, de sujar um povo pela mais impudente das campanhas. Tudo isso para salvar um judeu da infâmia e para substituí-lo por um cristão.

Cria-se, portanto, um sindicato. O que significa que banqueiros se reúnem, põem dinheiro em comum, exploram a credulidade pública. Em algum lugar há um caixa que paga pela lama remexida. É uma vasta empresa tenebrosa, gente mascarada, altas quantias entregues à noite, debaixo das pontes, a desconhecidos, altos personagens que se corrompem e dos quais se compra a velha honestidade a preços exorbitantes.

E assim o sindicato se amplia aos poucos, acaba sendo uma poderosa organização na sombra, toda uma conspiração desavergonhada para glorificar o traidor e afundar a França num mar de ignomínia.

Examinemos esse sindicato.

Os judeus fizeram dinheiro e são eles que compram a honra dos cúmplices, a portas abertas. Meu Deus! não imagino o que eles já podem ter gasto. Mas, se possuem apenas uma dezena de milhões, já os terão dado. Eis aí cidadãos franceses, nossos iguais e nossos irmãos, que o antissemitismo imbecil arrasta diariamente na lama. Pretendeu-se esmagá-los com o capitão Dreyfus, tentou-se fazer do crime de um deles o crime da raça inteira. Todos traidores, todos vendidos, todos condenados. E como não querer que essa gente proteste, procure se lavar, retribua os golpes nessa guerra de extermínio que lhe fazem? Certo, compreende-se que os judeus desejem apaixonadamente ver impor-se a inocência do seu correligionário; e se a reabilitação lhes parece possível, com que ânimo deverão buscá-la!

Mas o que não entendo, se existe um guichê no qual se paga, é que não haja alguns comprovados tratantes nesse sindicato. Vejamos, vocês os conhecem bem: como se explica que fulano, beltrano e sicrano não estejam aí? O extraordinário é mesmo que todas as pessoas que os judeus compraram, como dizem, são precisamente de uma sólida reputação de probidade. Talvez esses se mostrem difíceis, querendo apenas mercadoria rara, que valha o seu preço. Portanto, duvido muito do guichê, embora eu esteja pronto a escusar os judeus se, pressionados, eles se defendessem com os seus milhões. Nos massacres todos abrem mão do que possuem. E falo deles com a maior tranquilidade, pois não os amo nem os odeio. Não tenho entre eles nenhum amigo que esteja perto do meu coração. Para mim são seres humanos, e isso basta.

Mas, para a família do capitão Dreyfus, as coisas são diferentes, e quem aqui não compreendesse, não se inclinasse, seria um triste coração. Entendam! Todo o seu ouro, todo o seu sangue, a família tem o direito e o dever de dá-los, se crê seu filho inocente. Nessa casa que chora, em que há uma esposa, irmãos e parentes de luto, só se deve entrar com o chapéu na mão; e somente os malcriados se permitem falar alto e ser insolentes. "Irmão do traidor!" é o insulto que lançam à face desse irmão! Sob que moral, sob que Deus vivemos, então, para que isso seja possível, para que pela falta de um dos membros seja reprovada a família inteira? Nada é mais baixo nem mais indigno de nossa cultura e de nossa generosidade. Os jornais que injuriam o irmão do capitão Dreyfus porque ele cumpre seu dever são uma vergonha para a imprensa francesa.

E quem teria falado, se não fosse ele? Ele está no seu papel. Quando sua voz se elevou pedindo justiça, ninguém mais queria intervir, todos se apagaram. Só ele tinha qualidade para levantar essa temível questão do erro judiciário, da verdade a se impor, manifesta. Por mais que chovam injúrias, não se obscurecerá a noção de que a defesa do ausente está nas mãos daqueles do seu sangue, que conservaram a esperança e a fé. E a mais forte prova moral em favor da inocência do condenado é ainda a inabalável convicção de toda uma família honrosa, de uma probidade e de um patriotismo sem mácula.

Depois dos judeus fundadores, depois da família diretora, vêm os simples membros do sindicato, aqueles que se compram. Dois dos mais antigos são o sr. Bernard Lazare e o comandante Forzinetti. A seguir, há os srs. Scheurer-Kestner e Monod. Recentemente, descobriu-se o coronel Picquart, sem contar o sr. Leblois. E espero que, desde o meu primeiro artigo, eu faça parte do bando. Aliás, faz parte do sindicato, é acusado de ser um malfeitor e de ter sido pago todo aquele que, estremecido diante de um erro judiciário possível, se permite querer que a verdade seja feita, em nome da justiça.

Mas quem promove esse terrível lodaçal são vocês, falsos patriotas, antissemitas vociferadores, simples exploradores que vivem da derrocada pública, vocês é que quiseram, que fizeram esse sindicato!

Será que a evidência não é completa e de uma claridade de pleno dia? Se houvesse sindicato, teria havido acordo? E onde está então o acordo? O que há, simplesmente, desde o dia seguinte à condenação, é um mal-estar em algumas consciências, é uma dúvida diante do miserável que berra a todos sua inocência. A crise terrível e a loucura pública a que assistimos partiram certamente daí, desse leve arrepio que ficou nas almas. E esse arrepio, sentido por tantos outros, foi sentido pelo comandante Forzinetti, que nos fez um relato tão pungente.

Depois foi a vez do sr. Bernard Lazare, acossado pela dúvida e buscando a luz. Aliás, sua investigação solitária prossegue em meio a trevas que ele não consegue atravessar. Publica uma brochura, depois outra, na véspera das revelações de hoje; e a prova de que trabalhava sozinho é que não tinha relação com nenhum dos outros membros do sindicato, é que não soube nada, ele nada pôde dizer da verdadeira verdade. Estranho sindicato, cujos membros se ignoram!

A seguir foi o sr. Scheurer-Kestner, torturado pela necessidade de verdade e justiça, e que busca formar uma certeza sem nada saber do inquérito oficial – digo oficial – feito no mesmo momento pelo coronel Picquart, colocado na pista certa por sua função mesma no ministério da Guerra. Foi preciso um acaso, um encontro, como se saberá mais tarde, para que esses dois homens que não se conheciam, que trabalhavam na mesma obra, cada um por seu lado, acabassem na última hora por se juntar e por marchar lado a lado.

Toda a história do sindicato está aí: homens de boa vontade, de verdade e de equidade, vindos dos quatro cantos do horizonte, trabalhando a léguas de distância e sem se conhecerem, mas marchando todos por caminhos diversos ao mesmo objetivo, caminhando em silêncio, esquadrinhando o chão e chegando todos, numa bela manhã, ao mesmo ponto de chegada. Todos fatalmente se encontraram e se deram as mãos na encruzilhada da verdade, nesse encontro fatal da justiça.

Percebam bem que são vocês que agora os reúnem, os forçam a cerrar fileiras, a se ocupar numa mesma tarefa de saúde e honestidade, esse homens que vocês cobrem de insultos, que acusam do mais negro complô, quando eles buscam apenas uma obra de suprema reparação.

Dez, vinte jornais, nos quais se misturam as paixões e os interesses mais diversos, toda uma imprensa imunda que não posso ler sem que o meu coração se indigne, não cessaram de persuadir o público de que um sindicato de judeus, comprando consciências a preço de ouro, dedicava-se ao mais execrável dos complôs. Primeiro buscando salvar o traidor e substituí-lo por um inocente; depois buscando desonrar o Exército, vender a França, como em 1870. Deixo de lado os detalhes da tenebrosa maquinação.

E, confesso, essa opinião tornou-se a da grande maioria do público. Quantas pessoas simples me abordaram nos últimos oito dias para me dizer com um ar estupefato:

— Mas como? O sr. Scheurer-Kestner não é um bandido? E você se mete com essa gente? Então não sabe que eles venderam a França?

Meu coração se aperta de angústia, pois sinto claramente que uma tal perversão da opinião vai permitir todas as escamoteações. E o pior é que os homens corajosos são raros quando é preciso ir contra a corrente. Quantos nos murmuram ao ouvido que estão convencidos da inocência do capitão Dreyfus, mas não querem se envolver numa situação perigosa, entrar na briga!

Por trás da opinião pública, contando certamente em se apoiar nela, há as repartições do ministério da Guerra. Não quero falar disso hoje, pois ainda espero que a justiça será feita. Mas quem não percebe que estamos diante da mais teimosa das más vontades? Não se quer admitir que foram cometidos erros, eu ia dizer faltas. Insiste-se em acobertar os personagens comprometidos. Decidiu-se fazer tudo para evitar uma vassourada. E isso é tão grave, de fato, que mesmo os que têm a verdade na mão, dos quais se exige furiosamente essa verdade, ainda hesitam, esperam para proclamá-la publicamente, na esperança de que ela se imponha por si só e de que não terão a dor de dizê-la.

Mas há uma verdade pelo menos que, a partir de hoje, eu gostaria de espalhar pela França inteira: estamos em via de fazê-la cometer, a essa França justa e generosa, um verdadeiro crime. Ela não é mais a França quando se pode enganá-la a esse ponto, enlouquecê-la contra um miserável que há três anos expia, em condições atrozes, um crime que não cometeu. Sim, numa distante ilhota perdida, sob o duro sol, existe um indivíduo que foi separado dos humanos. Não apenas o grande mar o isola, mas onze guardas o encerram noite e dia numa muralha viva. Imobilizaram onze homens para guardar um só. Nunca um assassino, nunca um louco furioso foi murado de forma tão estreita, no eterno silêncio, na lenta agonia, sob a execração de todo um povo! Ousam agora dizer que esse homem não é culpado?

Pois bem, é o que dizemos, nós, os membros do sindicato. E dizemos isso à França, e esperamos que ela acabe por nos ouvir, pois ela sempre foi inflamada pelas causas justas e belas. Dizemos a ela que queremos a honra do Exército e a grandeza da nação. Um erro judiciário foi cometido e, enquanto não for reparado, a França sofrerá, doentia, como de um câncer secreto que aos poucos destrói a carne. E se, para restituir-lhe a saúde, há que cortar alguns membros, que eles sejam cortados!

Um sindicato para agir sobre a opinião pública, para curá-la da demência na qual a imprensa imunda a lançou, para reconduzi-la a seu orgulho e à sua generosidade seculares. Um sindicato para repetir, toda manhã, que nossas relações diplomáticas não estão em jogo, que a honra do Exército não está em causa, que somente indivíduos podem estar comprometidos. Um sindicato para demonstrar que todo erro judiciário é reparável e que persistir num erro desse tipo, sob o pretexto de que um conselho de guerra não pode se enganar, é a mais monstruosa das obstinações, a mais assustadora das infalibilidades. Um sindicato para conduzir uma campanha até que a verdade se imponha, até que a justiça seja feita, através de todos os obstáculos, mesmo se anos de luta forem necessários.

A esse sindicato, ah! sim, sou filiado e espero que todos os homens corajosos da França se filiem!

Auto de perguntas

Páginas publicadas no *Figaro*, em 5 de dezembro de 1897.

É o terceiro e último artigo que me foi permitido apresentar ao *Figaro*. Tive mesmo alguma dificuldade em fazê-lo passar; e, como se verá, julguei prudente afastar-me do público, sentindo a impossibilidade que eu teria de continuar minha campanha com as emoções despertadas nos leitores habituais do jornal. Admito perfeitamente, para um jornal, a necessidade de contar com os hábitos e as paixões da sua clientela. Assim, toda vez que me vi barrado desse modo, nunca culpei senão a mim mesmo de ter-me enganado sobre o terreno e sobre as condições da luta. O *Figaro* mostrou-se mesmo assim corajoso ao acolher esses três artigos, e lhe agradeço.

Ah! que espetáculo nas últimas três semanas, e que trágicos e inesquecíveis dias acabamos de atravessar! Não sei de nada que tenha provocado em mim tanta humanidade, angústia e generosa cólera. Vivi exasperado, no ódio à estupidez e à má-fé, numa tal sede de verdade e justiça que compreendi os grandes movimentos da alma capazes de lançar um burguês pacífico ao martírio.

É que o espetáculo, na verdade, foi inusitado, ultrapassando em brutalidade, descaramento e ignóbil confissão tudo o que a besta humana jamais revelou de mais instintivo e mais baixo. É raro um tal exemplo de perversão e demência de uma multidão, e certamente é a razão pela qual me apaixonei tanto, para além da minha revolta humana, como romancista e dramaturgo agitado de entusiasmo diante de uma beleza tão terrível.

Eis que o caso entra agora na sua fase regular e lógica, a que desejamos e solicitamos sem descanso. Um conselho de guerra é chamado a se explicar, a verdade está na extremidade desse novo processo, estamos convencidos disso. Nunca quisemos outra coisa. Não nos resta senão calarmo-nos e esperar; pois a verdade, ainda não cabe a nós dizê-la, é o Conselho de Guerra que deve apresentá-la, manifesta. E só interviremos de novo se ela não for completa, o que é uma hipótese inadmissível.

Mas, terminada a primeira fase, esse lodaçal em plenas trevas, esse escândalo em que tantas más consciências se puseram a nu, o auto de perguntas deve ser feito e tiradas suas conclusões. Pois, na tristeza profunda das constatações que se impõem, há o ensinamento viril, o ferro em brasa que cauteriza as feridas. Pensemos todos nisto: o terrível espetáculo que acabamos de oferecer a nós mesmos deve nos curar.

Em primeiro lugar, a imprensa.

Vimos a baixa imprensa no cio, buscando ganhar dinheiro com curiosidades malsãs, agitando a multidão para vender seu papel marrom, porque cessa de encontrar compradores quando a nação é calma, sadia e forte. São sobretudo os ladradores da noite, as folhas das ruas que agarram os passantes com suas grandes manchetes e promessas de devassidões. Estas fazem apenas seu comércio habitual, mas com uma impudência significativa.

Vimos, um pouco mais acima na escala, os jornais populares, os jornais de um vintém, os que se dirigem à grande massa e formam sua opinião; vimo-los insuflar paixões atrozes, conduzindo uma furiosa campanha de sectários, matando no querido povo da França toda generosidade, todo desejo de verdade e justiça. Quero acreditar em sua boa-fé. Mas que tristeza esses cérebros de polemistas envelhecidos, de agitadores dementes, de patriotas estreitos, transformados em condutores de homens, cometendo o mais negro dos crimes, o de obscurecer a consciência pública e desencaminhar todo um povo! Essa tarefa é tanto mais execrável por ser feita, em alguns jornais, com uma baixeza de meios, um hábito da mentira, da difamação e da delação que serão a grande vergonha de nossa época.

Vimos, enfim, a grande imprensa, a imprensa dita séria e honesta, assistir a isso com uma impassibilidade – eu ia dizer uma serenidade – assombrosa. Esses jornais honestos limitaram-se a registrar tudo com um cuidado escrupuloso, tanto a verdade como o erro. O rio envenenado penetrou em suas casas sem que eles omitissem uma abominação. Tudo bem, há a imparcialidade. Mas como? Somente uma tímida apreciação aqui e ali, nenhuma voz firme e nobre, nenhuma, entendam, que tenha se elevado nessa imprensa honesta para tomar o partido da humanidade e da equidade ultrajadas!

E vimos sobretudo isto – pois em meio a tantos horrores deve ser suficiente escolher o mais revoltante –, vimos a imprensa, a imprensa imunda continuar defendendo um oficial francês que insultou o Exército e escarrou sobre a nação. Vimos jornais escusando-o, outros fazendo-lhe apenas uma censura com restrições. Como! Como é que não houve um grito unânime de revolta e de execração? O que está acontecendo para que esse crime, que num outro momento teria agitado a consciência pública numa necessidade furiosa de repressão imediata, tenha podido encontrar circunstâncias atenuantes, nesses mesmos jornais tão suscetíveis nas questões de deslealdade e perfídia?

Vimos isso. E ignoro o que um tal sintoma produziu nos outros espectadores, pois ninguém fala, ninguém se indigna. Mas a mim ele fez estremecer, pois revela, com uma violência inesperada, a doença que sofremos. A imprensa imunda desencaminhou a nação, e um acesso da perversão e da corrupção nas quais a lançou vem revelar abertamente a úlcera.

O antissemitismo, agora.

Ele é o culpado. Eu já disse o quanto essa campanha bárbara, que nos faz retroceder mil anos, é indigna da minha necessidade de fraternidade, da minha paixão de tolerância e de emancipação humana. Retornar às guerras de religião, recomeçar as perseguições religiosas, querer que uma raça extermine a outra, é um tal contrassenso em nosso século de libertação que semelhante tentativa me parece sobretudo imbecil. Ela só pôde nascer de um cérebro confuso, mal equilibrado de crente, de uma grande vaidade de escritor desconhecido e desejoso de desempenhar um papel a qualquer preço, ainda que um papel odioso. E ainda não quero acreditar que um tal movimento possa adquirir uma importância decisiva na França, neste país de livre exame, de fraternal bondade e de clara razão.

No entanto, há danos terríveis. Devo confessar que o mal já é muito grande. O veneno está no povo, se o povo inteiro não está envenenado. Devemos ao antissemitismo a perigosa virulência que os escândalos do Panamá[1] adquiriram entre nós. E todo esse lamentável caso Dreyfus é obra dele: foi ele que tornou possível o erro judiciário, é somente ele que enlouquece hoje a multidão, impedindo que esse erro seja tranquila e nobremente reconhecido, para a nossa saúde e o nosso bom renome. Havia algo de mais simples e natural do que buscar a verdade, nas primeiras dúvidas sérias? E, para que a coisa tenha chegado à loucura furiosa em que estamos, não deve haver necessariamente um veneno escondido que nos faz delirar a todos?

Esse veneno é o ódio furioso aos judeus, há anos despejado no povo, toda manhã. Pertencem a um bando os que fazem esse ofício de envenenadores, e o mais estranho é que o fazem em nome da moral, em nome do Cristo, como vingadores e justiceiros. E quem nos diz que essa atmosfera

---

1. Caso de corrupção na década de 1880, relacionado à participação da França na construção do canal do Panamá. (N.T.)

na qual deliberava não agiu sobre o Conselho de Guerra? Um judeu traidor que vende seu país é algo que parece evidente. Se não se encontra nenhuma razão humana que explique o crime, se ele é rico, sensato, trabalhador, sem paixões e com uma vida impecável, será que não basta o fato de ser judeu?

Hoje, depois que exigimos a luz, a atitude do antissemitismo é mais violenta, mais defensiva ainda. É o seu processo que se prepara, e se a inocência de um judeu se comprovar, que insulto para os antissemitas. Então pode haver um judeu inocente? Seria toda uma armação de mentiras a desabar, pois a boa-fé e a equidade são a ruína de uma seita que só age sobre a multidão dos simples pelo excesso da injúria e pela impudência das calúnias.

Eis também o que vimos, o furor desses malfeitores públicos à ideia de que um pouco de claridade vai ser feita. E vimos ainda, infelizmente, a confusão dessa multidão que eles perverteram, essa opinião pública desencaminhada, esse povo de gente simples e humilde que hoje se lança contra os judeus e amanhã faria uma revolução para libertar o capitão Dreyfus, se um homem honesto o inflamasse com o fogo sagrado da justiça.

Enfim os espectadores, os atores, vocês e eu, nós todos.

Que confusão, que lodaçal que não para de crescer! Vimos os interesses e as paixões se inflamarem dia após dia, histórias ineptas, mexericos vergonhosos, desmentidos impudentes, o simples bom-senso achincalhado toda manhã, o vício aclamado, a virtude vaiada, toda uma agonia do que faz a honra e a alegria de viver. E acabamos por achar isso medonho. Certo! Mas quem quis essas coisas, quem deixou que elas se arrastassem? Nossos mestres, advertidos há mais de um ano, nada ousaram fazer. Suplicaram-lhes, profetizando, fase por fase, a terrível tempestade que se anunciava. Eles fizeram o inquérito, tinham o dossiê nas mãos. E, até agora, apesar das súplicas patrióticas, preferem se manter na inércia a tomar eles mesmos o caso em mãos, para limitá-lo, mesmo com o sacrifício imediato das individualidades comprometidas. O rio de lama transbordou, conforme lhes haviam predito, e a culpa é deles.

Vimos energúmenos triunfarem ao exigir a verdade dos que diziam sabê-la, quando estes não podiam dizê-la enquanto um inquérito permanecia aberto. A verdade foi dita ao general encarregado desse inquérito, e somente ele tinha a missão de fazê-la conhecer. A verdade será dita também ao juiz instrutor, e somente ele terá qualidade para ouvi-la, para basear nela seu ato de justiça. A verdade! Que concepção fazem dela, numa tal aventura que abala toda uma velha organização, para crer que é um objeto simples e manipulável que se põe na palma da mão e se passa à vontade à mão dos outros, como um seixo ou uma maçã? A prova, ah! sim, a prova que queriam de imediato, como as crianças querem que lhes mostrem o vento que passa. Sejam pacientes, a verdade aparecerá; mas para isso será preciso um pouco de inteligência e de probidade moral.

Vimos uma baixa exploração do patriotismo, o espectro do estrangeiro agitado num caso de honra que diz respeito apenas à família francesa. Os piores revolucionários clamaram que insultávamos o Exército e seus chefes, quando justamente queremos que se comportem de forma digna e elevada. E, diante dos condutores de multidão, dos jornais que amatilham a opinião pública, o terror reinou. Nenhum membro de nossas assembleias elevou um grito de homem honesto, todos ficaram mudos, hesitantes, prisioneiros de seus grupos, todos tiveram medo da opinião pública, preocupados certamente com as próximas eleições. Nenhum moderado, nenhum radical, nenhum socialista, nenhum dos que têm a guarda das liberdades públicas levantou-se para falar segundo sua consciência. Como querem que o país encontre seu caminho na tormenta, se os que se dizem seus guias se calam, por tática de políticos bitolados, ou por temor de comprometer sua situação pessoal?

E o espetáculo foi tão lamentável, tão duro e cruel ao nosso orgulho, que ouço repetirem a meu redor:

– A França está muito doente para que semelhante crise de aberração pública possa se produzir.

Não! Ela está apenas desencaminhada, fora do seu coração e do seu gênio. Se lhe falarem de humanidade e justiça, ela logo se reencontrará, em sua generosidade legendária.

O primeiro ato terminou, baixou a cortina sobre o terrível espetáculo. Esperemos que o espetáculo de amanhã nos dê coragem e consolo.

Eu disse que a verdade estava em marcha e que nada a deteria. Um primeiro passo foi dado, depois virá mais um, e outro, até o passo decisivo. Isso é matemático.

Por ora, à espera da decisão do Conselho de Guerra, o meu papel está terminado. E desejo ardentemente que, feitas a verdade e a justiça, eu não tenha mais que lutar por elas.

Carta à juventude

Páginas publicadas numa brochura, posta à venda em 14 de dezembro de 1897.

Não havendo nenhum jornal que aceitasse meus artigos, e ao mesmo tempo desejando ser absolutamente livre, decidi continuar minha campanha por uma série de brochuras. Primeiro tive a ideia de lançá-las num dia fixo, regularmente, uma por semana. Depois preferi decidir sobre as datas de publicação, de modo a escolher meu tempo e a intervir apenas nos assuntos e somente nos dias em que eu julgasse útil.

Aonde vão vocês, jovens, aonde vão, estudantes, que correm em bandos pelas ruas manifestando vossas cóleras e entusiasmos, sentindo a imperiosa necessidade de lançar publicamente o grito de vossas consciências indignadas?

Vão protestar contra algum abuso do poder? Ofenderam a necessidade de verdade e equidade que ainda arde em vossas almas novas, ignorantes das acomodações políticas e das covardias cotidianas da vida?

Vão corrigir um erro social, pôr o protesto de vossa vibrante juventude na balança desigual em que são falsamente pesadas a sorte dos felizes e a dos deserdados deste mundo?

Vão vaiar, para defender a tolerância e a independência da raça humana, algum sectário da inteligência, de cérebro curto, que quis reconduzir ao erro antigo vossos espíritos livres, proclamando a bancarrota da ciência?

Vão clamar, sob a janela de alguma personalidade esquiva e hipócrita, vossa fé invencível no futuro, neste século próximo que promete e deve realizar a paz do mundo, em nome da justiça e do amor?

Não, não! Vamos vaiar um homem, um velho que, após uma longa vida de trabalho e lealdade, imaginou que podia impunemente defender uma causa generosa, querer que a luz se fizesse e que um erro fosse reparado, para a honra mesma da pátria francesa!

Ah! quando eu era jovem, vi o Quartier Latin estremecer com as orgulhosas paixões da juventude, do amor à liberdade, do ódio à força bruta que esmaga os cérebros e comprime as almas. Vi o Quartier Latin, durante o Império, fazer sua corajosa obra de oposição, às vezes até injusta, mas sempre num excesso de livre emancipação humana. Ele vaiava os autores agradáveis às Tulherias, os professores cujo ensino lhe parecia suspeito, erguia-se contra todo aquele que se mostrava a favor das trevas e da tirania. Nele ardia o fogo sagrado da bela loucura dos vinte anos, quando todas as esperanças são realidades, e o amanhã aparece como o triunfo certo da Cidade Perfeita.

E, se remontássemos mais acima, nessa história das paixões nobres que sublevaram a juventude das escolas, sempre a veríamos se indignar contra a injustiça, fremir e levantar-se em favor dos humildes, dos abandonados, dos perseguidos, contra os ferozes e os poderosos. Ela se manifestou em favor dos povos oprimidos, em favor da Polônia, da Grécia, tomou a defesa de todos os que sofriam, que agonizavam sob a brutalidade de uma multidão ou de um déspota. Quando diziam que o Quartier Latin se inflamava, podia-se ter certeza de que havia por trás uma chama de juvenil justiça, despreocupada com as deferências, fazendo com entusiasmo uma obra do coração. E que espontaneidade então, que rio transbordado correndo pelas ruas!

Sei bem que hoje ainda o pretexto é a pátria ameaçada, a França entregue ao inimigo vencedor por um bando de traidores. Mas eu me pergunto: onde encontrar a clara intuição das coisas, a sensação instintiva do que é verdadeiro, do que é justo, senão nessas almas nervosas, nesses jovens que nascem para a vida política e que nada deveria ainda obscurecer a razão correta e boa? Que os políticos, corrompidos por anos de intrigas, que os jornalistas, desequilibrados por todos os compromissos da profissão, possam aceitar as mais impudentes mentiras, tapar os olhos à ofuscante claridade, isso se explica, se compreende. Mas ela, a juventude, só pode estar já gangrenada para que sua pureza, sua candura natural não se reconheça de imediato em meio a inaceitáveis erros e não vá direto ao que é evidente, ao que é límpido, de uma luz honesta de pleno dia!

Não há história mais simples. Um oficial foi condenado e ninguém pensa em suspeitar da boa-fé dos juízes. Eles o puniram seguindo sua consciência, a partir de provas que acreditaram certas. Depois, um dia, acontece de um homem, de vários homens terem dúvidas e acabarem convencidos de que uma das provas, a mais importante, pelo menos a única sobre a qual os juízes publicamente se apoiaram, foi falsamente atribuída ao condenado, de que essa peça partiu indubitavelmente da mão de um outro. E eles dizem isso, e esse outro é denunciado pelo irmão do prisioneiro, cujo estrito dever era fazer tal denúncia; e eis que um novo processo necessariamente começa, que deve levar à revisão do primeiro se houver condenação. Será que tudo isso não é perfeitamente claro, justo e razoável? Onde há aqui uma maquinação, um complô para salvar um traidor? Ninguém nega que há um traidor, quer-se apenas que seja um culpado e não um inocente que expie o crime. Vocês terão um traidor, trata-se apenas de terem um autêntico.

Um pouco de bom-senso não deveria ser suficiente? Que motivação teriam então os homens que buscam a revisão do processo Dreyfus? Ponhamos de lado o imbecil antissemitismo, cuja monomania feroz vê nessa busca um complô judeu, o ouro judeu procurando substituir um judeu por um cristão no cárcere infame. Isso não se sustenta, as inverossimilhanças e impossibilidades desabam umas sobre as outras, nem todo o ouro da terra compraria algumas consciências. E não há como não chegar à realidade, que é a expansão natural, lenta e invencível de todo erro judiciário. A história é essa. Um erro judiciário é uma força em marcha: homens de consciência são conquistados, atormentados, devotam-se cada vez mais obstinadamente, arriscam sua fortuna e sua vida até que a justiça seja feita. E não há outra explicação possível para o que acontece hoje, o resto não passa de abomináveis paixões políticas e religiosas, não é senão uma torrente transbordante de calúnias e injúrias.

Mas que desculpa teria a juventude, se as ideias de humanidade e justiça se vissem um instante obscurecidas nela? Na sessão de 4 de dezembro, uma câmara francesa cobriu-se de vergonha ao votar uma ordem do dia que difama "os condutores da campanha odiosa que perturba a consciência pública". Digo claramente, para o futuro que me lerá, espero, um tal voto é indigno do nosso país generoso e ficará como uma mancha inapagável. "Os condutores" são os homens de consciência e de bravura que, certos de um erro judiciário, o denunciaram para que uma reparação fosse feita, na convicção patriótica de que uma grande nação, na qual um inocente agonizaria entre as torturas, seria uma nação condenada. "A campanha odiosa" é o grito de verdade, o grito de justiça que esses homens lançam, é a obstinação que os faz querer que a França continue sendo, diante dos povos que olham para ela, a França humana, a França que fez a liberdade e que fará a justiça. E a Câmara seguramente cometeu um crime, pois corrompeu até mesmo a juventude das nossas escolas que, enganada, desencaminhada, lançada às ruas, se manifesta, como nunca havia acontecido, contra o que há de mais distinto, de mais corajoso, de mais divino na alma humana!

Após a sessão do Senado, no dia 7, falou-se de derrocada em relação ao sr. Scheurer-Kestner. Ah! sim, que derrocada no seu coração, na sua alma! Imagino sua angústia, seu tormento, ao ver desmoronar a seu redor tudo que ele amou em nossa República, tudo que ele ajudou a conquistar para ela no bom combate de sua vida, primeiro a liberdade, depois as virtudes másculas da lealdade, da franqueza e da coragem cívicas.

Ele é um dos últimos da sua forte geração. Sob o Império, ele viu o que era um povo submetido à autoridade de um só, povo consumido de febre e impaciência, com a boca brutalmente amordaçada, diante da negação da justiça. Com o coração sangrando, viu nossas derrotas, compreendeu suas causas, todas elas devidas à cegueira e à imbecilidade despóticas. Mais tarde, foi um dos que trabalharam mais sabiamente, mais ardentemente para reerguer o país dos seus escombros, para restituir-lhe seu lugar na Europa. Ele data dos tempos heroicos da nossa França republicana, e imagino que acreditou ter feito uma obra boa e sólida com a expulsão definitiva do despotismo, com a liberdade conquistada, refiro-me sobretudo à liberdade humana que permite a cada consciência afirmar seu dever em meio à tolerância das outras opiniões.

Ah, sim! Tudo pôde ser conquistado, mas tudo foi por terra outra vez. Ao redor dele, dentro dele, há somente ruínas. Ter buscado e exigido a verdade é um crime. Ter querido a justiça é um crime. O terrível despotismo retornou, a mais dura das mordaças cobre de novo as bocas. Não é a bota de um César que esmaga a consciência pública, é toda uma câmara que difama aqueles que a paixão do justo inflama. Proibido falar! Os punhos esmagam os lábios dos que defendem a verdade, multidões são amatilhadas para que reduzam os isolados ao silêncio. Jamais uma opressão tão monstruosa foi organizada, utilizada contra a livre discussão. E reina o vergonhoso terror, os mais corajosos se acovardam, ninguém ousa dizer o que pensa, temendo ser denunciado como vendido e traidor. Os poucos jornais honestos se rendem diante de seus leitores, que acabaram desnorteados por histórias tolas. E nenhum povo, acredito, atravessou uma hora mais turva, lamacenta e angustiante para sua razão e sua dignidade.

Então é verdade, todo o grande e leal passado desmoronou para o sr. Scheurer-Kestner. Se ele ainda crê na bondade e na equidade dos homens, é porque possui um sólido otimismo. Há três semanas ele vem sendo arrastado diariamente na lama por ter comprometido a honra e a alegria da sua velhice em querer ser justo. Não há infortúnio mais doloroso, no homem honesto, que sofrer o martírio da sua honestidade. Assassinam nesse homem a fé no amanhã, envenenam sua esperança; e, se morrer, ele dirá: "Acabou-se, não há mais nada, tudo que fiz de bom desaparece comigo, a virtude não é mais que uma palavra, o mundo é negro e vazio!"

E, para enxovalhar o patriotismo, foram escolher esse homem que é, em nossas assembleias, o último representante da Alsácia-Lorena! Ele, um vendido, um traidor, um difamador do Exército, quando seu nome deveria ser suficiente para tranquilizar as inquietudes mais temerosas! Certamente ele teve a ingenuidade de acreditar que sua qualidade de alsaciano e seu renome de patriota ardente seriam a garantia mesma da sua boa-fé, no delicado papel de justiceiro. Se ele se ocupou desse caso, não é porque uma rápida conclusão lhe pareceu necessária para a honra do Exército e a honra da pátria? Se o deixarem arrastar-se, abafando a verdade e recusando a justiça, verão que seremos motivo de escárnio em toda a Europa, que colocaremos a França no último lugar das nações!

Não, não! As estúpidas paixões políticas e religiosas nada querem ouvir, e a juventude de nossas escolas oferece ao mundo o espetáculo de vaiar o sr. Scheurer-Kestner, o traidor, o vendido, que insulta o Exército e compromete a pátria.

Sei perfeitamente que os poucos jovens que se manifestam não são a juventude inteira, e que uma centena de agitadores nas ruas fazem mais barulho que dez mil trabalhadores, estudiosamente encerrados em suas casas. Mas esses cem agitadores já não é muito? E que aflitivo sintoma um tal movimento, por mais restrito que seja, poder se produzir nesta hora no Quartier Latin!

Jovens antissemitas, então isso existe? Há então cérebros novos, almas novas, que esse veneno imbecil já desequilibrou? Que tristeza, que inquietude para o século XX que vai começar! Cem anos após a Declaração dos Direitos do Homem, cem anos após o ato supremo de tolerância e de emancipação, voltamos às guerras de religião, ao mais odioso e ao mais tolo dos fanatismos! Isso ainda se compreende em alguns homens que desempenham seu papel, que têm uma atitude a conservar e uma ambição voraz a satisfazer. Mas nos jovens? Nos que nascem e crescem para essa manifestação de todos os direitos e de todas as liberdades que sonhamos fazer brilhar no próximo século? Eles são os construtores esperados, e eis que já se declaram antissemitas, ou seja, começarão o século massacrando os judeus, por serem concidadãos de uma outra raça e de uma outra fé! Que abertura para festejar a cidade dos nossos sonhos, a cidade da igualdade e da fraternidade! Se a juventude estivesse realmente aí, seria de chorar, seria negar toda a esperança e toda a felicidade humana.

Ó juventude, juventude! suplico-te, pensa na grande tarefa que te espera! És a construtora do futuro, vais lançar os alicerces do próximo século que, acreditamos profundamente, resolverá os problemas de verdade e equidade colocados pelo século que finda. Nós, os velhos, te deixamos o amontoado formidável de nossas buscas, muitas contradições e obscuridades, talvez, mas com certeza o esforço mais apaixonado que este século fez em direção à luz, os documentos mais honestos e mais sólidos, os fundamentos mesmos desse vasto edifício da ciência que deves continuar a construir para a tua honra e a tua felicidade. E te pedimos apenas que sejas ainda mais generosa, mais livre de espírito, para nos superar por teu amor à vida normalmente vivida, por teu esforço posto no trabalho, essa fecundidade dos homens e da terra que saberá por fim produzir a abundante colheita da alegria sob o sol brilhante. E te cederemos fraternalmente o lugar, felizes de desaparecer e de repousar, tendo cumprido a nossa parte da tarefa, no sono bom da morte, se soubermos que continuas e que realizas nossos sonhos.

Juventude, juventude! lembra-te dos sofrimentos que teus pais passaram, das terríveis batalhas que tiveram de vencer para conquistar a liberdade que desfrutas nesta hora. Se te sentes independente, se podes ir e vir à vontade, dizer na imprensa o que pensas, ter uma opinião e exprimi-la publicamente, é porque teus pais deram sua inteligência e seu sangue para isso. Não nasceste sob a tirania, ignoras o que é despertar toda manhã com a bota de um senhor sobre o teu peito, não combateste para escapar do sabre do ditador, dos pesos falsos do mau juiz. Agradece a teus pais e não comete o crime de aclamar a mentira, de apoiar a força bruta, a intolerância dos fanáticos e a voracidade dos ambiciosos. A ditadura está esgotada.

Juventude, juventude! fica sempre com a justiça. Se a ideia de justiça se obscurecer dentro de ti, correrás todos os perigos. E não falo da justiça de nossos Códigos, que é apenas a garantia dos laços sociais. É preciso respeitá-la, certamente, mas há uma noção mais alta da justiça, a que afirma em princípio que todo julgamento dos homens é falível e admite a inocência possível de um condenado, sem com isso insultar os juízes. Não é essa uma aventura que deve animar tua inflamada paixão do direito? Quem se levantará para que a justiça seja feita, senão tu que não estás envolvida nas lutas de interesses e pessoas, tu que ainda não estás comprometida em nenhum caso suspeito, tu que podes falar em voz alta com toda a pureza e a boa-fé?

Juventude, juventude! sê humana, sê generosa. Mesmo se nos enganamos, crê em nós quando dizemos que um inocente sofre uma pena terrível e que nosso coração revoltado se rompe de angústia com isso. Basta admitir, um só instante, o erro possível, diante de um castigo tão desmedido, para que o peito se comprima e as lágrimas corram. Certamente os guardas de galés permanecem insensíveis. Mas tu, que ainda choras, que és sensível a todas as misérias, a todas as piedades, por que não assumes o sonho cavalheiresco, se em algum lugar há um mártir que sucumbe ao ódio, de defender sua causa e de libertá-lo? Quem, senão tu, tentará a sublime aventura, lançando-se numa causa perigosa e soberba, enfrentando uma multidão em nome da ideal justiça? Não te envergonhas, enfim, que sejam os mais velhos que se apaixonem, que façam hoje tua tarefa de generosa loucura?

Onde vão vocês, jovens, onde vão, estudantes que percorrem as ruas, manifestando-se e lançando em meio a nossas discórdias a bravura e a esperança dos vossos vinte anos?

Vamos em busca da humanidade, da verdade, da justiça!

Carta à França

Páginas publicadas numa brochura, posta à venda em 6 de janeiro de 1898.

Era a segunda da série, e eu previa que a série seria longa. Sentia-me feliz com essa forma de publicação, que comprometia somente a mim, deixando-me toda a liberdade e toda a responsabilidade. Além disso, não estava mais limitado às dimensões pequenas de um artigo de jornal, o que permitia que eu me estendesse. Os acontecimentos prosseguiam, e eu os esperava, decidido então a dizer tudo, a lutar até o fim para que a verdade se impusesse e a justiça fosse feita.

Nos dias terríveis de perturbação moral que atravessamos, no momento em que a consciência pública parece se obscurecer, é a ti que me dirijo, França, à nação, à pátria!

Toda manhã, ao ler nos jornais o que pareces pensar desse lamentável caso Dreyfus, meu estupor aumenta, minha razão se revolta ainda mais. Mas como! Como podes, França, formar uma convicção a partir das mais evidentes mentiras, colocar-te contra alguns homens honestos aliando-te à turba dos malfeitores, agitar-te sob o imbecil pretexto de que insultam teu Exército e fazem complô para te vender ao inimigo, quando o desejo dos mais sensatos, dos mais leais dos teus filhos é, ao contrário, que continues sendo aos olhos da Europa atenta a nação da honra, a nação da humanidade, da verdade e da justiça?

E é verdade, a grande massa age assim, sobretudo a massa da gente humilde e pequena, o povo das cidades, do interior e dos campos, a maioria considerável dos que aceitam a opinião dos jornais ou dos vizinhos, que não têm os meios de se informar nem de refletir. O que aconteceu? Como é que o teu povo, França, teu povo de bom coração e de bom-senso, pôde chegar a essa ferocidade do medo, a essas trevas da ignorância? Dizem-lhe que há, na pior das torturas, um homem talvez inocente, dizem-lhe que há provas materiais e morais de que a revisão do processo se impõe, e eis que o teu povo se recusa violentamente à luz, alinha-se com os sectários e os bandidos, com os homens cujo interesse é deixar na terra um cadáver, esse povo que ainda há pouco teria demolido de novo a Bastilha para dela tirar um prisioneiro!

Que angústia e que tristeza, França, na alma dos que te amam e querem tua honra e tua grandeza! Debruço-me com aflição sobre esse mar agitado e transtornado do teu povo, pergunto-me onde estão as causas da tempestade que ameaça arrebatar o melhor da tua glória. Nada é de uma gravidade mais mortal, vejo aí inquietantes sintomas. E ousarei dizer tudo, pois só tive uma paixão na vida, a verdade, e não faço aqui senão continuar minha obra.

Já pensaste que o perigo está justamente nessas trevas obstinadas da opinião pública? Cem jornais repetem diariamente que a opinião pública não quer que Dreyfus seja inocente, que sua culpa é necessária à salvação da pátria. E percebes a que ponto serias culpada, se se baseassem nesse sofisma, nos altos escalões, para abafar a verdade? Percebes a responsabilidade? É a França que teria desejado isso, tu é que terias exigido o crime! Assim, aqueles dos teus filhos que te amam e te honram, França, têm apenas um dever ardente nesta hora grave: o de agir poderosamente sobre a opinião, esclarecendo-a, trazendo-a de volta, salvando-a do erro no qual paixões cegas a lançaram. E não há tarefa mais útil nem mais sagrada.

Ah! sim, falarei com toda a minha força aos pequenos, aos humildes, àqueles que envenenaram e que fazem delirar. Não quero outra missão, direi a eles onde está verdadeiramente a alma da pátria, sua energia invencível e seu triunfo certo.

Vejam como estão as coisas. Um novo passo acaba de ser dado: o comandante Esterhazy apresentou-se a um conselho de guerra. Como eu disse desde o primeiro dia, a verdade está em marcha e nada a deterá. Apesar das más vontades, cada passo adiante será dado, matematicamente, na sua hora. A verdade possui um poder que vence todos os obstáculos. E, quando lhe barram o caminho, quando conseguem encerrá-la por um tempo mais ou menos longo sob a terra, ela se concentra e adquire uma tal violência de explosão que, no dia em que explode, faz saltar tudo com ela. Tentem encerrá-la por mais alguns meses debaixo de mentiras ou num recinto fechado e verão que preparam, para mais tarde, o mais retumbante dos desastres.

Mas, à medida que a verdade avança, as mentiras se multiplicam para negar que ela avança. Nada é mais evidente. Quando o general de Pellieux, encarregado do inquérito preliminar, apresentou seu relatório, concluindo pela culpabilidade possível do comandante Esterhazy, a imprensa imunda inventou que, por vontade apenas deste último, o general Saussier aceitou, embora convicto de sua inocência, que ele se apresentasse à justiça militar. Hoje os jornais dizem ainda que, como três peritos reconheceram novamente o borderô como obra certa de Dreyfus, o comandante Ravary, na sua investigação judiciária, não via necessidade de um novo julgamento, mas que, se o comandante Esterhazy se submetia a um conselho de guerra, é porque ele mesmo insistia junto ao general Saussier para ser julgado.

Não é tremendamente cômico e de uma perfeita estupidez ver esse acusado conduzir o caso, ditar as sentenças? Um homem reconhecido inocente após dois inquéritos e para o qual se tem o maior cuidado de reunir um tribunal com a única finalidade de uma comédia decorativa, uma espécie de apoteose judiciária? Seria simplesmente zombar da justiça afirmar que a absolvição é certa, pois a justiça não é feita para julgar os inocentes, e o julgamento não pode já estar redigido nos bastidores antes da abertura dos debates. Se o comandante Esterhazy se apresentou a um conselho de guerra, esperemos, para a honra nacional, que a coisa seja séria e não uma simples fachada, destinada à diversão dos basbaques. Minha pobre França, então te julgam bastante tola para te fazer dormir de pé com tais histórias?

E nem tudo é mentira nas informações que a imprensa imunda publica e que deveriam ser suficientes para abrir os olhos. De minha parte, recuso-me formalmente a crer nos três peritos que não teriam reconhecido à primeira vista a identidade absoluta entre a escrita do comandante Esterhazy e a do borderô. Tomem na rua uma criança que passa, ponham diante dela as duas peças, e ela responderá: "Foi a mesma pessoa que escreveu as duas páginas". Não há necessidade de peritos, isso basta, a semelhança de algumas palavras salta aos olhos. E isso é tão verdadeiro que o comandante admitiu essa semelhança espantosa e, para explicá-la, afirma que copiaram várias de suas letras, toda uma história de complicação laboriosa, perfeitamente pueril, aliás, com a qual a imprensa se ocupou durante semanas. E vêm nos dizer que encontraram três peritos para declarar ainda que o borderô foi escrito por Dreyfus! Ah! não, é demais, tamanho descaramento é um desastre, os homens honestos vão acabar se aborrecendo, espero!

Alguns jornais chegam a dizer que o borderô será deixado de lado, que nem sequer se falará dele diante do tribunal. Mas então do que se falará e por que montar um tribunal? O núcleo do caso está todo aí: se Dreyfus foi condenado com base numa peça escrita por um outro e que é suficiente fazer condenar esse outro, a revisão se impõe com uma lógica irresistível, pois não pode haver dois culpados condenados pelo mesmo crime. O sr. Demange repetiu isso formalmente, apresentaram-lhe apenas o borderô, Dreyfus foi legalmente condenado apenas com base no borderô; e mesmo admitindo que à revelia de toda legalidade existam peças secretas, o que pessoalmente não posso acreditar, quem ousaria recusar a revisão quando estiver provado que o borderô, a única peça conhecida, aceita, foi redigido por outro? E é por isso que se acumulam tantas mentiras em torno do borderô, que é, afinal, o caso todo.

Eis, portanto, um primeiro ponto a assinalar: a opinião pública é feita em grande parte dessas mentiras, dessas histórias extraordinárias e estúpidas que a imprensa divulga toda manhã. Chegará a hora das responsabilidades, e será preciso acertar as contas com essa imprensa imunda que nos desonra aos olhos do mundo inteiro. Alguns jornais estão no seu papel, nunca fizeram outra coisa senão espalhar lama. Mas que surpresa e tristeza é encontrar entre eles, por exemplo, um jornal como *L'Echo de Paris*, essa folha literária tantas vezes na vanguarda das ideias e que, nesse caso Dreyfus, faz uma tarefa tão indigna! As notas, de uma violência e de um partido tomado escandaloso, não são assinadas. Parecem inspiradas pelos mesmos que tiveram a desastrosa inabilidade de condenar Dreyfus. O sr. Valentin Simond não suspeita que elas cobrem seu jornal de opróbrio? E há um outro jornal cuja atitude deveria sublevar a consciência de todos os homens honestos, refiro-me ao *Petit Journal*. Que a imprensa marrom, com alguns milhares de exemplares, berre e minta para aumentar sua tiragem, isso se compreende, trata-se apenas de um mal restrito. Mas que o *Petit Journal*, com mais de um milhão de exemplares, dirigindo-se aos humildes e penetrando em toda parte, semeie o erro e desencaminhe a opinião pública é algo de uma excepcional gravidade. Quando se tem a cargo tantas almas, quando se é o pastor de todo um povo, é preciso ser de uma probidade intelectual escrupulosa, sob pena de cair no crime cívico.

Eis assim, França, o que descubro em primeiro lugar, na demência que te arrebata: as mentiras da imprensa, o regime de histórias ineptas, baixas injúrias e perversões morais a que ela te submete toda manhã. Como poderias querer a verdade e a justiça quando desarranjam a tal ponto tuas virtudes legendárias, a clareza da tua inteligência e a solidez da tua razão?

Mas há fatos ainda mais graves, toda uma série de sintomas que fazem, da crise que atravessas, um caso de uma lição terrificante para os que sabem ver e julgar. O caso Dreyfus é apenas um incidente deplorável. O terrível é a maneira como te comportas em relação a ele. Tinhas o aspecto saudável e de repente pequenas manchas aparecem na pele: a morte está em ti. Teu envenenamento político e social vem se manifestar na tua face.

Por que foi que deixaste clamarem, por que tu mesma passaste a clamar que insultavam teu Exército quando, ao contrário, ardentes patriotas queriam apenas a dignidade e a honra dele? E o teu Exército é tu inteira; não é tal chefe, tal grupo de oficiais, tal hierarquia com galões, são todos os teus filhos prontos a defender a terra francesa. Faz teu exame de consciência: era realmente o teu Exército que querias defender quando ninguém o atacava? Não era antes o sabre que tiveste o brusco desejo de aclamar? Vejo na ruidosa ovação feita aos chefes que se diziam insultados um despertar, sem dúvida inconsciente, do boulangismo[2] latente que permanece em teu seio. No fundo, ainda não tens o sangue republicano, os penachos que desfilam ainda fazem bater teu coração, um rei não pode passar sem que te apaixones. Teu Exército, ah!, na verdade não é nele que pensas! É o general que queres no teu leito. E como está

---

2. Movimento autoritário de curta duração que tentou derrubar a Terceira República francesa, na década de 1880, chefiado pelo general Georges Boulanger. (N.T.)

longe o caso Dreyfus! Enquanto o general Billot se fazia aclamar na Câmara, eu via a sombra do sabre desenhar-se na muralha. França, se não te cuidas, chegarás à ditadura!

E sabes ainda onde vais, França? Vais à Igreja, retornas ao passado, a esse passado de intolerância e de teocracia que os mais ilustres dos teus filhos combateram e acreditaram destruir, dando sua inteligência e seu sangue. Hoje a tática do antissemitismo é muito simples. Em vão o catolicismo se esforçava por agir sobre o povo, criava círculos de operários, multiplicava as peregrinações, sem poder reconquistá-lo, trazê-lo de volta ao pé dos altares. Era algo definitivo, as igrejas continuavam desertas, o povo não acreditava mais. E eis que circunstâncias permitiram insuflar no povo a raiva antissemita, envenenando-o com esse fanatismo, lançando-o nas ruas a bradar:

– Abaixo os judeus, morte aos judeus!

Que triunfo se pudessem desencadear uma guerra religiosa! O povo certamente não crê mais; mas não é o começo da crença retomar a intolerância da Idade Média, fazer queimar os judeus em praça pública? Eis por fim o veneno encontrado; e, quando tiverem feito do povo da França um fanático e um carrasco, quando lhe tiverem arrancado do coração a generosidade e o amor aos direitos do homem tão duramente conquistados, Deus certamente fará o resto.

Têm a audácia de negar a reação clerical. Mas ela está em toda parte, manifesta-se na política, nas artes, na imprensa, nas ruas! Hoje os judeus são perseguidos, amanhã será a vez dos protestantes. E a campanha já começa. A República é invadida pelos reacionários de toda espécie, eles a adoram com um brusco e terrível amor, abraçam-na para sufocá-la. De todos os lados se ouve dizer que a ideia de liberdade está falida. E, quando aconteceu o caso Dreyfus, esse ódio crescente à liberdade encontrou aí uma ocasião extraordinária, as paixões se inflamaram, mesmo entre os inconscientes. Não percebes que, se o sr. Scheurer-Kestner foi atacado com tanta fúria, é porque ele pertence a uma geração que acreditou na liberdade, que quis a liberdade? Hoje dão de ombros, fazem troça: velhas barbas, velhinhos fora de moda. Sua derrota consumaria a ruína e enterraria na lama os fundadores da República, os que abateram o sabre e abandonaram a Igreja; eis por que esse grande homem honesto, Scheurer-Kestner, é hoje um bandido. É preciso afogá-lo na vergonha para que a própria República seja emporcalhada e vencida.

Por outro lado, vemos que esse caso Dreyfus expõe em plena luz a cozinha suspeita do parlamentarismo, que o macula e acabará por matá-lo. Lamentavelmente esse caso acontece no final de uma legislatura, quando há somente três ou quatro meses para preparar a próxima. O ministério no poder e os deputados querem naturalmente e com a mesma energia reeleger-se. Então, em vez de abrir o jogo, em vez de comprometer as chances de eleição, todos estão dispostos a atos extremos. O náufrago conta apenas com sua tábua de salvação. E assim tudo fica claro, tudo se explica: por um lado, a atitude extraordinária do ministério no caso Dreyfus, seu silêncio, sem embaraço, a má ação que comete ao deixar o país agonizar sob a impostura, quando lhe incumbia trazer a verdade; por outro lado, o desinteresse tão pouco corajoso dos deputados, que fingem nada saber, têm medo de não se reeleger e temem perder a estima do povo que julgam antissemita. Ouvimos com frequência dizer:

– Ah!, se as eleições já tivessem passado, veriam o governo e o parlamento resolver a questão Dreyfus em 24 horas!

Eis o que a baixa cozinha do parlamentarismo faz de um grande povo! E é disso, França, que tua opinião pública é feita: do desejo do sabre, da reação clerical que te faz retroceder vários séculos, da ambição voraz dos que te governam, que te comem e não querem sair da mesa!

Conjuro-te, França, sê ainda a grande França, reflete, reencontra-te!

Duas aventuras nefastas são obra única do antissemitismo: o escândalo do Panamá e o caso Dreyfus. Todos lembram as delações, os abomináveis mexericos, as publicações de peças falsas ou roubadas através dos quais a imprensa imunda fez do caso Panamá uma úlcera que corroeu e debilitou o país durante anos. Ela desnorteou a opinião pública: a nação pervertida, envenenada, estava furiosa, exigia contas, pedia a execução em massa do Parlamento, pois ele estava podre. Ah! se Arton voltasse, se ele falasse! E ele voltou, falou, e todas as mentiras da imprensa imunda vieram abaixo, a tal ponto que a opinião, bruscamente mudada, não quis mais suspeitar de um único culpado, exigindo a absolvição em massa. Certo, imagino que nem todas as consciências fossem muito puras, pois se passava então o que se passa em todos os parlamentos do mundo quando grandes empresas mexem com muito dinheiro. Mas a opinião saiu por fim da náusea do ignóbil, muita gente fora difamada, houvera denúncias demais, ela sentia a imperiosa necessidade de respirar o ar puro e de acreditar na inocência de todos.

Pois bem, predigo que o mesmo acontecerá com o caso Dreyfus, o outro crime social do antissemitismo. De novo a imprensa imunda satura a opinião de mentiras e infâmias. Apresenta os homens honestos como tratantes, os tratantes como homens honestos. Lança histórias imbecis nas quais as próprias crianças não mais acreditam. Provoca desmentidos, vai contra o bom-senso e a simples probidade. E é fatal que a opinião acabará por se revoltar numa dessas manhãs, num súbito enjoo, cansada de se alimentar de lama. E, como no escândalo do Panamá, a veremos também impor sua força no caso Dreyfus, querendo que não haja mais falsidades, exigindo a verdade e a justiça nessa explosão de generosidade soberana. Assim será julgado e condenado o antissemitismo por suas obras, essas duas aventuras mortais em que o país perdeu sua dignidade e sua saúde.

Eis por que, França, eu te suplico, reflete, reencontra-te sem mais demora. Não podemos te dizer a verdade, pois a justiça tem seu curso regular e devemos crer que ela está disposta a se afirmar. Somente os juízes têm a palavra; o dever de falar só se imporia se eles não dissessem a verdade inteira. Mas essa verdade, que é tão simples, um erro inicialmente, seguido de todas as faltas para escondê-lo, tu não a suspeitas? Os fatos falam por si, cada fase do inquérito foi uma confissão: o comandante Esterhazy coberto de inexplicáveis proteções, o coronel Picquart tratado como culpado, ultrajado, os ministros jogando com as palavras, os jornais mentindo com violência, a instrução do caso conduzida como às cegas, numa desesperante lentidão. Não percebes que isso cheira mal, que cheira a cadáver e que deve haver muito a esconder para que toda a canalha de Paris se manifeste assim abertamente, quando são homens honestos que pedem a luz, ao preço de sua própria tranquilidade?

Desperta, França, pensa na tua glória. Como é possível que tua burguesia liberal e teu povo emancipado não percebam, nessa crise, em que aberração os lançam? Não posso acreditá-los cúmplices, eles estão sendo enganados, pois não se dão conta do que há por trás: de um lado a ditadura militar; de outro, a reação clerical. É isso que queres, França, colocar em perigo o que obtiveste com tanto afinco, a tolerância religiosa, a justiça igual para todos, a solidariedade fraterna de todos os cidadãos? Basta que haja dúvidas sobre a culpabilidade de Dreyfus, e que ele continue torturado, para que a tua gloriosa conquista do direito e da liberdade seja comprometida para sempre. Como! Seremos somente uns poucos a dizer tais coisas? Todos os teus filhos honestos não se levantarão para estar conosco, todos os espíritos livres, todos os corações generosos que fundaram a República e que deveriam tremer de vê-la em perigo?

É a esses, França, que lanço um apelo. Que eles se reúnam, que escrevam, que falem! Que trabalhem conosco para esclarecer a opinião pública, os pequenos, os humildes, os que foram envenenados e que fazem delirar! A alma da pátria, sua energia e seu triunfo estão apenas na equidade e na generosidade.

Minha única inquietação é que a luz não se faça por inteiro e de imediato. Após uma instrução secreta, um julgamento a portas fechadas não concluiria nada. Só então o caso começaria, pois haveria o dever de falar, permanecer calado seria tornar-se cúmplice. Que loucura crer que se pode impedir a História de ser escrita! Ela será escrita, essa história, e nenhuma responsabilidade, por menor que seja, deixará de ser cobrada.

E isto para a tua glória final, França, pois no fundo não temo, sei que, por mais que atentem contra tua razão e tua saúde, és ainda o futuro, hás de conhecer sempre um despertar triunfante da verdade e da justiça!

J'ACCUSE...!

Carta ao sr. Félix Faure

Presidente da República

Páginas publicadas no jornal *L'Aurore*, em 13 de janeiro de 1898.

O que se ignora é que elas foram inicialmente impressas numa brochura, como as duas cartas precedentes. No momento de colocar à venda essa brochura, ocorreu-me a ideia de dar-lhe uma publicidade mais ampla, mais retumbante, publicando-a num jornal. O *L'Aurore* já havia tomado partido com uma independência e uma coragem admiráveis, e naturalmente me dirigi a ele. Depois desse dia, esse jornal tornou-se para mim o asilo, a tribuna de liberdade e de verdade, na qual pude dizer tudo. Conservo por seu diretor, o sr. Ernest Vaughan, uma grande gratidão. Depois da publicação no *L'Aurore* com seus trezentos mil exemplares e dos processos judiciários que se seguiram, a brochura mesma permaneceu na gráfica. Pois logo após o ato que decidi e realizei, acreditei dever guardar silêncio, à espera do meu processo e das consequências que viriam.

Sr. Presidente:

Permitirá que, em minha gratidão pela benevolente acolhida que me deu um dia, eu me preocupe com sua justa glória e lhe diga que sua estrela, tão feliz até aqui, está ameaçada pela mais vergonhosa, pela mais inapagável das manchas?

O senhor saiu são e salvo das baixas calúnias, conquistou os corações. Aparece radiante na apoteose da festa patriótica que foi para a França a aliança russa, e prepara-se para presidir o solene triunfo da nossa Exposição Universal[3], que há de coroar nosso grande século de trabalho, verdade e liberdade. Mas que mancha de lama em seu nome – eu ia dizer em seu reinado – esse abominável caso Dreyfus! Um conselho de guerra ousou absolver Esterhazy, bofetada suprema contra toda a verdade, toda a justiça. E aí está, a França tem na face essa marca, a História escreverá que foi durante a sua presidência que um tal crime social pôde ser cometido.

Já que ousaram, ousarei também. Direi a verdade, pois prometi dizê-la se a justiça, em seu curso regular, não o fizesse de forma plena. Meu dever é falar, não quero ser cúmplice. Minhas noites seriam perseguidas pelo espectro do inocente que expia numa prisão distante, na mais terrível das torturas, um crime que não cometeu.

E é ao senhor, o presidente da República, que clamarei essa verdade, com toda a força da minha revolta de homem honesto. Para a sua honra, estou convencido de que o senhor a ignora. E a quem eu denunciaria a turba daninha dos verdadeiros culpados, senão ao senhor, o primeiro magistrado do país?

Em primeiro lugar, a verdade sobre o processo e sobre a condenação de Dreyfus.

Um homem nefasto conduziu e fez tudo, o tenente-coronel du Paty de Clam, então simples comandante. Ele é o caso Dreyfus inteiro, que só será conhecido quando um inquérito leal estabelecer claramente os atos e as responsabilidades desse homem. Ele é visto como o espírito mais vaporoso, mais complicado, obcecado por intrigas romanescas, que adora romances de folhetim, papéis roubados, cartas anônimas, encontros em lugares desertos, mulheres misteriosas que espalham, à noite, provas arrasadoras. Foi

---

3. A Exposição Universal de Paris, de 1900. (N.T.)

ele que imaginou atribuir o borderô a Dreyfus; foi ele que sonhou examiná-lo numa peça inteiramente revestida de espelhos; é ele que o comandante Forzinetti nos apresenta como armado de uma lanterna, introduzindo-se até junto ao acusado, adormecido, para projetar no seu rosto o brusco facho de luz e surpreender assim seu crime no susto do despertar. E tudo que tenho a dizer é que procurem e descobrirão. Declaro simplesmente que o comandante du Paty de Clam, encarregado de instruir o caso Dreyfus como oficial judiciário, é, na ordem das datas e das responsabilidades, o primeiro culpado do terrível erro judiciário que foi cometido.

O borderô já estava há algum tempo nas mãos do coronel Sandherr, diretor do Serviço de Informações, morto depois de paralisia geral. "Fugas" aconteceram, papéis desapareceram, como desaparecem ainda hoje; e o autor do borderô era buscado, quando se estabeleceu aos poucos um *a priori* que esse autor só podia ser um oficial do Estado-Maior, e um oficial da artilharia: duplo erro manifesto que mostra com que espírito superficial fora examinado esse borderô, pois um exame cuidadoso demonstra que só podia se tratar de um oficial de tropa.

Buscas foram então feitas na casa, examinaram-se as caligrafias, era como um caso de família, um traidor a surpreender nos departamentos do próprio ministério, para expulsá-lo. E, sem que eu queira refazer aqui uma história conhecida em parte, o comandante du Paty de Clam entra em cena assim que uma primeira suspeita cai sobre Dreyfus. A partir desse momento, foi ele que inventou Dreyfus, o caso torna-se uma questão sua, ele se empenha em confundir o traidor, levá-lo à confissão completa. Há também o ministro da Guerra, o general Mercier, cuja inteligência parece medíocre; o chefe do Estado-Maior, general Boisdeffre, que parece ter cedido à sua paixão clerical, e o subchefe do Estado-Maior, general Gonse, cuja consciência pôde se acomodar a muitas coisas. Mas, no fundo, há de início apenas o comandante du Paty de Clam, que conduz todos, que os hipnotiza, pois também se ocupa de espiritismo, de ocultismo e conversa com os espíritos. Não dá para imaginar as experiências a que ele submeteu o pobre Dreyfus, as armadilhas nas quais quis fazê-lo cair, os inquéritos loucos, as imaginações monstruosas, toda uma demência torturadora.

Ah! esse primeiro caso é um pesadelo, para quem o conhece em seus detalhes verdadeiros! O comandante du Paty de Clam manda prender e isola Dreyfus. Corre à casa da sra. Dreyfus e para aterrorizá-la lhe diz que, se falar, seu marido está perdido. Nesse meio tempo, o infeliz gemia, bradava sua inocência, e a instrução foi feita como numa crônica do século XV, em meio ao mistério, com uma complicação de expedientes ferozes. Tudo isso baseado numa única acusação, esse borderô imbecil, que não era apenas uma traição vulgar, que era também a mais impudente das vigarices, pois viu-se que os famosos segredos revelados eram todos sem valor. Se insisto, é porque o ovo está aqui, do qual sairá mais tarde o verdadeiro crime, a assustadora negação de justiça de que padece a França. Quero mostrar como foi possível o erro judiciário, como ele nasceu das maquinações do comandante du Paty de Clam, como os generais Mercier, Boisdeffre e Gonse deixaram-se levar, comprometendo aos poucos sua responsabilidade nesse erro que eles acreditaram dever, mais tarde, impor como uma verdade sagrada, uma verdade que nem sequer se discute. No início, portanto, houve da parte deles apenas incúria e falta de inteligência. No mínimo se percebe que eles cedem às paixões religiosas do meio e aos preconceitos do espírito de corporação. Eles permitiram a tolice.

E vemos então Dreyfus diante do Conselho de Guerra. O mais absoluto sigilo é exigido. Se um traidor tivesse aberto a fronteira ao inimigo para conduzir o imperador alemão até a Notre-Dame, não se teriam tomado medidas de silêncio e de mistério mais rigorosas. A nação está pasma, cochicham-se fatos terríveis, traições monstruosas que indignam a História; e a nação naturalmente se inclina. Não há castigo bastante severo, ela aplaudirá a degradação pública, quererá que o culpado permaneça no seu rochedo de infâmia, devorado pelo remorso. Então é verdade? há coisas indizíveis, coisas perigosas capazes de pôr a Europa em chamas, que devem ser encerradas cuidadosamente entre quadro paredes? Não! O que houve por trás disso foi a imaginação romanesca e demente do comandante du Paty de Clam. Tudo foi feito apenas para ocultar o mais descabido dos romances de folhetim. Para ter certeza, basta examinar atentamente o ato de acusação lido diante do Conselho de Guerra.

Ah! a nulidade desse ato de acusação! Que um homem possa ser condenado com base nele é um prodígio de iniquidade. Desafio os homens honestos a lê-lo, sem que seu coração salte de indignação e de revolta, ao pensar na expiação desmedida que se cumpre na ilha do Diabo. Dreyfus conhece várias línguas, crime; não se encontrou em sua casa nenhum papel comprometedor, crime; às vezes ele vai à sua terra de origem, crime; ele é laborioso, procura saber tudo, crime. Ele não se perturba, crime; ele se perturba, crime. E as ingenuidades de redação, as afirmações formais sem fundamento! Falaram-nos de catorze peças de acusação: apresentaram-nos afinal somente uma, o borderô; e ficamos sabendo que mesmo os peritos não estavam de acordo, que um deles, o sr. Gobert, foi militarmente afastado porque não concluía no sentido desejado. Falaram-nos também de 23 oficiais que vieram depor contra Dreyfus. Ainda ignoramos seus interrogatórios, mas é certo que nem todos o acusaram; além disso, deve-se observar que todos pertenciam aos departamentos do ministério da Guerra. Trata-se de um processo de família, convém lembrar-se disto: o Estado-Maior quis o processo, julgou-o e acaba de julgá-lo uma segunda vez.

Assim, restava apenas o borderô, sobre o qual os peritos não estavam todos de acordo. Conta-se que, na Câmara do Conselho, os juízes iriam naturalmente absolver. E então compreendemos a obstinação desesperada, para justificar a condenação, com que se afirma hoje a existência de uma peça secreta, arrasadora, que não se pode mostrar e que legitima tudo, diante da qual devemos nos inclinar, como ao Bom Deus invisível e incognoscível! Eu nego essa peça, nego-a com todas as minhas forças! Uma peça ridícula, sim, talvez uma peça que envolva mulheres e na qual é mencionado um certo D... que se torna muito exigente: certamente algum marido que achou que não lhe pagavam suficientemente sua mulher. Mas uma peça que interessa à defesa nacional, que não se poderia revelar sem que a guerra fosse declarada amanhã, não, não!, isso é uma mentira! E tanto mais odiosa e cínica quanto eles mentem impunemente sem fornecer provas, agitando a França, escondendo-se atrás de sua legítima emoção, fechando as bocas ao perturbar os corações, pervertendo os espíritos. Não sei de nenhum crime cívico maior.

Eis portanto, sr. Presidente, os fatos que explicam como um erro judiciário pôde ser cometido; e as provas morais, a situação financeira de Dreyfus, a ausência de motivos, seu contínuo clamor de inocência acabam de mostrá-lo como uma vítima da imaginação extraordinária do comandante du Paty de Clam, do meio clerical no qual este vive, da caça aos "judeus sujos" que desonra nossa época.

E chegamos ao caso Esterhazy. Três anos se passaram, muitas consciências continuam profundamente perturbadas, se inquietam, procuram saber e acabam por se convencer da inocência de Dreyfus.

Não farei o histórico das dúvidas e posteriormente da convicção do sr. Scheurer-Kestner. Mas, enquanto ele investigava por seu lado, fatos graves se passaram no próprio

Estado-Maior. Com a morte do coronel Sandherr, o tenente-coronel Picquart lhe sucedeu como chefe do Serviço de Informações. E foi nesse cargo, no exercício de suas funções, que este último teve um dia nas mãos uma carta-telegrama endereçada ao comandante Esterhazy por um agente de um país estrangeiro. Seu estrito dever era abrir um inquérito. Mas ele nunca agiu independentemente da vontade dos seus superiores e assim submete suas suspeitas aos superiores hierárquicos, o general Gonse, o general Boisdeffre e o general Billot, que sucedera ao general Mercier como ministro da Guerra. O famoso dossiê Picquart, do qual tanto se falou, nunca foi senão o dossiê Billot, refiro-me ao dossiê feito por um subordinado para o seu ministro, dossiê que deve existir ainda no ministério da Guerra. As investigações duraram de maio a setembro de 1896, e o que se pode afirmar claramente é que o general Gonse estava convencido da culpabilidade de Esterhazy, que o general Boisdeffre e o general Billot não punham em dúvida que o borderô fora escrito por Esterhazy. O inquérito do tenente-coronel Picquart levou a essa constatação segura. Mas a comoção era grande, pois a condenação de Esterhazy implicava inevitavelmente a revisão do processo Dreyfus: e era o que o Estado-Maior não queria a preço nenhum.

Deve ter havido aí um minuto psicológico cheio de angústia. Observe que o general Billot não estava comprometido em nada, chegava de mãos limpas, podia dizer a verdade. Mas não ousou, na certa por temer a opinião pública, na certa também por temer entregar todo o Estado-Maior, o general Boisdeffre, o general Gonse, sem contar os subordinados. Houve um minuto de combate entre sua consciência e o que ele acreditava ser o interesse militar. Quando esse minuto passou, já era tarde. Ele estava envolvido, estava comprometido. E desde então sua responsabilidade não parou de aumentar, ele assumiu o crime dos outros, é tão culpado quanto os outros, é mais culpado que eles, pois podia fazer a justiça e não fez nada. Compreenda isto, sr. Presidente! Há um ano o general Billot, os generais Boisdeffre e Gonse sabem que Dreyfus é inocente e guardaram consigo essa coisa terrível! E esses homens dormem e têm mulheres e filhos que amam!

O tenente-coronel Picquart cumpriu seu dever de homem honesto. Ele insistiu junto a seus superiores, em nome da justiça. Até mesmo suplicou, dizendo-lhes o quanto sua demora era impolítica diante da terrível tempestade que se anunciava, que começaria quando a verdade fosse conhecida. Foi, mais tarde, a linguagem que o sr. Scheurer-Kestner usou igualmente com o general Billot, instando-o por patriotismo a assumir o caso, a não deixá-lo se agravar e se converter num desastre público. Não! o crime fora cometido, o Estado-Maior não podia mais confessar seu crime. E o tenente-coronel foi enviado em missão, afastaram-no o mais longe possível, na Tunísia, onde não quiseram sequer honrar sua bravura, encarregando-o de uma missão onde corria o risco de ser massacrado, nas paragens onde o marquês de Morès encontrou a morte. Ele não estava em desgraça, o general Gonse mantinha com ele uma correspondência amistosa. Só que há segredos que não convém serem revelados.

Em Paris a verdade marchava, irresistível, e sabemos de que maneira a tempestade esperada começou. O sr. Mathieu Dreyfus denunciou o comandante Esterhazy como o verdadeiro autor do borderô, no momento em que o sr. Scheurer-Kestner apresentava, no ministério da Justiça, um pedido de revisão do processo. E é aqui que o comandante Esterhazy aparece. Testemunhos mostram-no inicialmente desnorteado, pronto ao suicídio ou à fuga. Depois, de repente, ele cria audácia, surpreende Paris com a violência da sua atitude. É que lhe viera um socorro, ele recebera uma carta anônima advertindo-o das intrigas dos seus inimigos, uma dama misteriosa chegou mesmo a ir à noite entregar-lhe uma peça roubada do Estado-Maior, que haveria de salvá-lo. E não posso deixar de reencontrar aqui o tenente-coronel du Paty de Clam, ao reconhecer os expedientes de sua fértil imaginação. Sua obra, a culpabilidade de Dreyfus, estava em perigo, e ele quis seguramente defender sua obra. A revisão do processo significava a ruína do romance de folhetim extravagante e trágico cujo desfecho abominável se passa na ilha do Diabo! É o que ele não podia permitir. Assim, vai haver um duelo entre os tenentes-coronéis Picquart e du Paty de Clam, um de rosto descoberto, o outro mascarado. Em breve veremos os dois diante da justiça civil. No fundo, é sempre o Estado-Maior que se defende, que não quer confessar seu crime, cuja abominação aumenta de hora em hora.

Perguntou-se com estupor quem eram os protetores do comandante Esterhazy. Em primeiro lugar, na sombra, foi o tenente-coronel du Paty de Clam que maquinou e conduziu tudo. Sua mão se revela pelos meios extravagantes. Depois são o general Gonse e o próprio general Billot, que se veem obrigados a absolver o comandante, que não podem deixar que se reconheça a inocência de Dreyfus sem que o ministério da Guerra caia no desprezo público. E o resultado dessa situação prodigiosa é que o homem honesto desse grupo, o tenente-coronel Picquart, o único a cumprir seu dever, vai ser a vítima, injuriada e punida. Ó justiça, que triste desesperança aperta o coração! Chegarão mesmo a dizer que foi ele o falsário, que ele fabricou a carta-telegrama para pôr Esterhazy a perder. Mas por que, meu Deus? Com que motivo? Deem um motivo. Será que este também é pago pelos judeus? A ironia da história é que ele era, justamente, antissemita. Sim! Assistimos a um espetáculo infame: homens marcados por dívidas e crimes cuja inocência proclamam, enquanto punem a honra, um homem de vida imaculada! Quando uma sociedade chega a esse ponto, ela entra em decomposição.

Eis aí, sr. Presidente, o caso Esterhazy: um culpado que procuram inocentar. Há dois meses podemos acompanhar, hora a hora, essa ridícula tarefa. Abrevio, pois este é apenas o resumo da história cujas páginas candentes um dia serão escritas por extenso. E então vimos o general de Pellieux e o comandante Ravary conduzirem um inquérito criminoso no qual os tratantes são transfigurados e os honestos enxovalhados, para então se convocar o Conselho de Guerra.

Como esperar que um conselho de guerra pudesse denunciar o que um conselho de guerra havia feito?

Não falo sequer da escolha sempre possível dos juízes. A ideia superior de disciplina, que está no sangue desses soldados, não basta para invalidar seu poder de equidade? Quem diz disciplina, diz obediência. Quando o ministro da Guerra, o grande chefe, estabeleceu publicamente, ante a aclamação dos representantes nacionais, a autoridade da coisa julgada, querem que um conselho de guerra lhe dê um desmentido formal? Hierarquicamente é impossível. O general Billot sugestionou os juízes com sua declaração, e eles julgaram como um soldado enviado ao combate, sem questionar. A opinião preconcebida que eles tinham sobre seu foro é evidentemente esta: "Dreyfus foi condenado por crime de traição por um conselho de guerra, portanto é culpado; e nós, Conselho de Guerra, não podemos declará-lo inocente; ora, sabemos que reconhecer a culpa de Esterhazy seria proclamar a inocência de Dreyfus". Nada podia fazê-los sair daí.

Eles pronunciaram uma sentença iníqua, que para sempre pesará sobre nossos conselhos de guerra e doravante manchará de suspeita todas as suas sentenças. O primeiro Conselho de Guerra pôde agir sem inteligência, o segundo é necessariamente criminoso. Sua escusa, repito, é que o chefe supremo havia falado, declarando a coisa julgada inatacável, sagrada e superior aos homens, de modo que inferiores não podiam dizer o contrário. Falam-nos da honra do Exército, querem que o amemos, o respeitemos. Ah! com certeza sim, o Exército se levantaria à primeira ameaça para defender a terra francesa, ele é o povo inteiro e temos por ele somente ternura e respeito. Mas não se trata do Exército, do qual queremos justamente a dignidade em nossa busca de justiça. Trata-se do sabre, do mestre que amanhã talvez nos apresentarão. E beijar devotamente a empunhadura do sabre, isso não, meu Deus!

Já demonstrei que o caso Dreyfus foi uma questão interna do ministério da Guerra, um oficial do Estado-Maior denunciado por seus colegas do Estado-Maior, condenado sob a pressão dos chefes do Estado-Maior. Mais uma vez, ele não pode voltar a ser inocente sem que todo o Estado-Maior seja culpado. Assim o ministério, por todos os meios imagináveis, por campanhas de imprensa, por comunicados e influências, só acobertou Esterhazy para condenar uma segunda vez Dreyfus. Que vassourada o governo republicano deveria dar nesse ninho de jesuítas, como os chama o próprio general Billot! Onde está o ministério verdadeiramente forte e de um patriotismo sensato que ousará refazer e renovar tudo? Conheço gente que, diante de uma guerra possível, treme de angústia, sabendo em que mãos se encontra a defesa nacional! E que ninho de baixas intrigas, mexericos e dilapidações se transformou esse asilo sagrado, no qual se decide a sorte da pátria! É assustador esse dia terrível que nela vem lançar o caso Dreyfus, esse sacrifício humano de um infeliz, de um "judeu sujo"! Ah! o que se agitou aí de demência e estupidez, imaginações loucas, práticas de baixa polícia, costumes de inquisição e tirania, para o prazer de alguns homens com galões porem suas botas sobre a nação, enfiarem-lhe de volta na garganta seu grito de verdade e justiça, sob o pretexto mentiroso e sacrílego da razão de Estado!

E é um crime também terem se apoiado na imprensa imunda, terem se deixado defender por toda a canalha de Paris. E assim vemos o vilão triunfar insolentemente da derrota do direito e da simples probidade. É um crime terem acusado de perturbar a França os que a querem generosa, à frente das nações livres e justas, quando os acusadores é que tramam o impudente complô de impor o erro diante do mundo inteiro. É um crime desencaminharem a opinião pública, utilizarem para uma tarefa mortífera essa opinião pervertida até fazê-la delirar. É um crime envenenarem os pequenos e os humildes, exasperarem as paixões de reação e de intolerância, abrigando-se por trás do odioso antissemitismo, do qual a grande França liberal dos direitos do homem parecia curada. É um crime explorarem o patriotismo para obras do ódio, e é um crime, enfim, fazerem do sabre o deus moderno, quando toda a ciência humana trabalha para a realização próxima da verdade e da justiça.

Essa verdade, essa justiça que tão ardentemente desejamos, como é triste vê-las assim achincalhadas, ignoradas e obscurecidas! Penso no sofrimento que deve ter se passado na alma do sr. Scheurer-Kestner e creio que ele acabará por sentir um remorso, o de não ter agido revolucionariamente, no dia da interpelação no Senado, abrindo todo o pacote, para lançar tudo abaixo. Ele foi o grande homem honesto, o homem de vida leal que acreditou que a verdade se bastava nela mesma, sobretudo quando lhe parecia clara como o dia. Para que criar um tumulto se o sol logo haveria de brilhar? E foi essa serenidade confiante que lhe valeu ser severamente punido. O mesmo em relação ao tenente-coronel Picquart, que, por um sentimento de alta dignidade, não quis publicar as cartas do general Gonse. Escrúpulos tanto mais honrosos na medida em que, enquanto ele mantinha o respeito à disciplina, seus superiores o cobriam de lama, instruindo seu processo da forma mais inesperada e ultrajante. São duas vítimas, dois homens corajosos, dois corações simples que deixaram Deus fazer, enquanto o diabo agia. E vimos mesmo, em relação ao tenente-coronel Picquart, esta coisa ignóbil: um tribunal francês, após deixar o relator acusar publicamente uma testemunha de todas as faltas, promover uma sessão fechada, quando essa testemunha foi introduzida para se explicar e se defender. Digo que isso é um crime a mais e que esse crime fará insurgir-se a consciência universal. Decididamente, os tribunais militares possuem uma ideia singular da justiça.

Tal é a simples verdade, sr. Presidente, e ela é terrível e continuará sendo uma mancha no seu mandato. É muito possível que o senhor não tenha poder algum nesse caso, que seja o prisioneiro da Constituição e dos que o cercam. Ainda assim, cabe-lhe um dever de homem, no qual pensará e que cumprirá. Aliás, não é que eu desespere do triunfo. Repito com uma certeza mais veemente: a verdade está em marcha e nada a deterá. É somente hoje que o caso está começando, pois é somente hoje que as posições são claras: de um lado, os culpados que não querem que a luz se faça; de outro, os justiceiros que darão sua vida para que ela apareça. Eu já disse e repito aqui: quando se esconde a verdade debaixo da terra, ela se concentra e prepara uma tal explosão que, no dia em que explode, faz saltar tudo com ela. Veremos se não estão preparando, para mais tarde, o mais retumbante dos desastres.

Mas esta carta é longa, sr. Presidente, e é hora de concluir.

Acuso o tenente-coronel du Paty de Clam de ter sido o artífice diabólico do erro judiciário – erro inconsciente, quero crer – e de ter a seguir defendido sua obra nefasta, durante três anos, pelas maquinações mais extravagantes e mais culpáveis.

Acuso o general Mercier de ter-se tornado cúmplice, pelo menos por fraqueza de espírito, de uma das maiores iniquidades do século.

Acuso o general Billot de ter tido nas mãos as provas certas da inocência de Dreyfus e de tê-las abafado, de ter-se tornado culpado desse crime de lesa-humanidade e de lesa-justiça, com um objetivo político e para salvar o Estado-Maior comprometido.

Acuso o general de Boisdeffre e o general Gonse de terem se tornado cúmplices do mesmo crime, um certamente por paixão clerical, o outro talvez por esse espírito de corporação que faz dos departamentos do ministério da Guerra a arca sagrada, inatacável.

Acuso o general de Pellieux e o comandante Ravary de terem feito um inquérito criminoso, querendo dizer com isso um inquérito da mais monstruosa parcialidade, do qual o relatório do segundo é um imperecível monumento de ingênua audácia.

Acuso os três peritos em caligrafia, os srs. Belhomme, Varinard e Couard, de terem feito relatórios mentirosos e fraudulentos, a menos que um exame médico os declare acometidos de uma doença da vista e do julgamento.

Acuso o ministério da Guerra de ter conduzido na imprensa, particularmente no *L'Eclair* e no *L'Echo de Paris*, uma campanha abominável para desencaminhar a opinião pública e encobrir seu próprio erro.

Acuso enfim o primeiro Conselho de Guerra de ter violado o direito, condenando um acusado a partir de uma peça que permaneceu secreta, e acuso o segundo Conselho de Guerra de ter, a partir de ordens superiores, acobertado essa ilegalidade, cometendo por sua vez o crime jurídico de absolver deliberadamente um culpado.

Ao fazer essas acusações, não ignoro que me submeto aos artigos 30 e 31 da lei de imprensa de 29 de julho de 1881, que pune os delitos de difamação. E é voluntariamente que me exponho.

Quanto às pessoas que acuso, não as conheço, nunca as vi, não tenho contra elas nem rancor nem ódio. São para mim apenas entidades, espíritos de maleficência social. E o ato que realizo aqui não é senão um meio revolucionário de apressar a eclosão da verdade e da justiça.

Minha questão é somente uma, a da luz, em nome da humanidade que tanto sofreu e que tem direito à felicidade. Meu protesto inflamado não é senão o grito da minha alma. Que ousem, portanto, levar-me ao tribunal, e que o inquérito se realize em plena luz!

Eu aguardo.

Queira aceitar, sr. Presidente, a certeza do meu profundo respeito.

Declaração ao júri

Páginas publicadas no *L'Aurore*, em 22 de fevereiro de 1898.

Eu as havia lido, na véspera, 21 de fevereiro, diante do júri que devia me condenar. Em 13 de janeiro, no dia mesmo em que foi publicada minha carta, a Câmara decidiu processar-me, por 312 votos contra 122. No dia 18, o general Billot, ministro da Guerra, depôs sua queixa nas mãos do ministro da Justiça. No dia 20, recebi a intimação que, de toda a minha carta, mencionava apenas quinze linhas. Em 7 de fevereiro, os debates começaram e se estenderam por quinze audiências, até o dia 23, quando fui condenado a um ano de prisão e a três mil francos de multa. Lembro que, por outro lado, os três peritos, srs. Belhomme, Varinard e Couard, moveram contra mim, em 21 de janeiro, um processo de difamação.

Senhores jurados:

Na Câmara, na sessão de 22 de janeiro, o sr. Méline, presidente do Conselho dos Ministros, declarou, sob os aplausos frenéticos de sua maioria complacente, que tinha confiança nos doze cidadãos a cujas mãos ele entregava a defesa do Exército. Era de vós que ele falava, senhores. E, assim como o general Billot ditou sua sentença ao Conselho de Guerra, encarregado de absolver o comandante Esterhazy, dando do alto da tribuna aos subordinados a ordem militar do respeito indiscutível da coisa julgada, assim também o sr. Méline quis vos dar a ordem de me condenar em nome do respeito ao Exército, que ele me acusa de ter ultrajado. Denuncio à consciência dos homens honestos essa pressão dos poderes públicos sobre a justiça do país. São costumes políticos abomináveis que desonram uma nação livre.

Veremos, senhores, se vós obedecereis. Mas não é verdade que estou aqui, diante de vós, por vontade do sr. Méline. Ele só cedeu à necessidade de me processar numa grande confusão, aterrorizado pelo novo passo que a verdade em marcha haveria de dar. Isso é sabido por todo o mundo. Se estou diante de vós, é porque eu quis. Fui eu apenas que decidi que o obscuro, o monstruoso caso seria levado diante de vossa jurisdição, e fui eu apenas, por livre e espontânea vontade, que vos escolhi, vós que sois a emanação mais alta, mais direta da justiça francesa, para que a França saiba tudo e se pronuncie. Meu ato não teve outra finalidade e minha pessoa nada significa, decidi sacrificá-la, satisfeito de colocar em vossas mãos não apenas a honra do Exército, mas a honra em perigo de toda a nação.

Assim me perdoareis, se a luz, em vossas consciências, ainda não foi inteiramente feita. Não é por minha culpa. Pareceu-me um sonho querer apresentar-vos todas as provas, julgando-vos os únicos dignos, os únicos competentes. Começaram por vos retirar com a mão esquerda o que pareciam dar com a direita. Fingiram aceitar vossa jurisdição, mas, se tinham confiança em vós para vingar os membros de um conselho de guerra, alguns outros oficiais permaneciam intangíveis, superiores à vossa justiça. Compreenda quem puder. É o absurdo na hipocrisia, e a prova evidente disso é que temeram vosso bom-senso, é que não ousaram correr o perigo de nos deixar dizer tudo e de vos deixar julgar tudo. Eles afirmam que quiseram limitar o escândalo; e o que pensais disso, desse escândalo, do meu ato que consistiu em vos submeter o caso, em querer que o povo, encarnado em vós, fosse o juiz? Eles afirmam também que não podiam aceitar uma revisão disfarçada, confessando assim que no fundo têm somente um medo, o de vosso controle soberano. A lei possui em vós sua representação total;

e é essa lei do povo que eu almejo e respeito profundamente, como bom cidadão, e não o procedimento duvidoso através do qual esperam vos ridicularizar.

Eis-me escusado, senhores, de vos ter perturbado em vossas ocupações, sem ter podido vos inundar com a luz total que eu sonhava. A luz, a luz completa: não tive senão esse apaixonado desejo. E, como os debates acabam de vos provar, tivemos de lutar passo a passo contra uma vontade de trevas de extraordinária obstinação. Foi preciso um combate para arrancar cada pedacinho da verdade. Discutiu-se sobre tudo, recusaram-nos tudo, aterrorizaram nossas testemunhas, na esperança de nos impedir de apresentar a prova. E foi somente por vós que combatemos, para que essa prova fosse apresentada inteira, a fim de que pudésseis vos pronunciar sem remorso em vossa consciência. Estou certo, portanto, de que levareis em conta nosso esforço e de que bastante claridade foi feita. Ouvistes as testemunhas, ides ouvir o meu defensor que vos dirá a história verdadeira, essa história que enlouquece todo o mundo e que ninguém conhece. Eis-me assim tranquilo, a verdade está agora em vós e ela agirá.

O sr. Méline acreditou ditar vossa sentença ao vos confiar a honra do Exército. E é em nome dessa honra do Exército que eu também faço um apelo à vossa justiça. Apresento ao sr. Méline o mais formal desmentido: nunca ultrajei o Exército. Ao contrário, manifestei meu carinho, meu respeito pela nação em armas, por nossos queridos soldados da França que se levantariam à primeira ameaça, que defenderiam a terra francesa. E é igualmente falso que ataquei os chefes, os generais que os conduziriam à vitória. Se algumas individualidades do ministério da Guerra comprometeram o Exército por seus atos, então é insultar o Exército inteiro dizer isso? Não é antes agir como bom cidadão separá-lo de todo comprometimento, lançar o grito de alarme para que as faltas, contra as quais somente combatemos, não se reproduzam e não nos levem a novas derrotas? Não me defendo, aliás, deixo à História o cuidado de julgar meu ato, que era necessário. Mas afirmo que o Exército é desonrado quando permitem que o comandante Esterhazy seja abraçado, depois das abomináveis cartas que escreveu. Afirmo que esse valente Exército é insultado diariamente pelos bandidos que, sob pretexto de defendê-lo, o conspurcam com sua baixa cumplicidade, arrastando na lama o que a França ainda tem de bom e de grande. Afirmo que são esses que desonram o grande Exército nacional, quando misturam os gritos de "Viva o Exército!" aos de "Morte aos judeus!" E também gritaram: "Viva Esterhazy!" Meu Deus! O povo de são Luís, de Bayard, de Condé e de Hoche, o povo que conta com vitórias gigantescas, o povo das grandes guerras da República e do Império, o povo cuja força, a graça e a generosidade fascinaram o universo, gritar "Viva Esterhazy!" é uma vergonha da qual somente nosso esforço de verdade e justiça pode nos lavar.

Conheceis a lenda que se formou. Dreyfus foi condenado de maneira justa e legal por sete oficiais infalíveis, de quem não se pode sequer suspeitar de erro sem ultrajar o Exército inteiro. Ele expia, numa tortura vingadora, seu abominável delito. E, como ele é judeu, eis que um sindicato judeu se criou, um sindicato internacional dos sem-pátria, dispondo de centenas de milhões em dinheiro para salvar o traidor, ao preço das mais impudentes manobras. Assim esse sindicato pôs-se a acumular crimes, comprando as consciências, lançando a França numa agitação mortífera, decidido a vendê-la ao inimigo, preferindo lançar a Europa numa guerra geral a ter que abandonar seu terrível propósito. Eis aí, é muito simples, e mesmo infantil e imbecil, como podeis ver. Mas é com esse pão envenenado que a imprensa imunda alimenta o nosso pobre povo há meses. E não devemos nos espantar se assistimos a uma crise desastrosa: quando se semeia a tal ponto a estupidez e a mentira, colhe-se necessariamente a demência.

Certamente, senhores, não cometerei a injúria de acreditar que vos contentastes até agora com esse conto de fadas. Conheço-vos, sei quem sois. Sois o coração e a razão de Paris, minha grande Paris, na qual nasci, que amo com infinita ternura, que estudo e canto há já quarenta anos. E sei igualmente, nesta hora, o que se passa em vossos cérebros, pois antes de sentar-me aqui, como acusado, já sentei aí, no banco onde estais. Vós representais a opinião média, procurais ser, em conjunto, a sabedoria e a justiça. Daqui a pouco estarei em pensamento convosco na sala de deliberações, e estou convencido de que vosso esforço será salvaguardar vossos interesses de cidadãos, que são naturalmente, na vossa opinião, os interesses da nação inteira. Podereis vos enganar, mas vos enganareis no pensamento de assegurar o bem de todos ao assegurar vosso bem.

Vejo-vos em vossas famílias, à noite, sob a lamparina; ouço-vos conversar com vossos amigos, acompanho-vos em vossas oficinas, vossas lojas. Sois todos trabalhadores, uns comerciantes, outros industriais, alguns exercendo profissões liberais. E vossa inquietação muito legítima é o estado deplorável em que caíram os negócios públicos. Por toda parte a crise atual ameaça tornar-se um desastre, as receitas baixam, as transações ficam cada vez mais difíceis. De modo que o pensamento que trazeis aqui, o pensamento que leio em vossos rostos, é que já basta e é preciso acabar com isso. Não chegais a dizer como muitos: "Que nos importa que um inocente esteja na ilha do Diabo? Será que o interesse de um só vale a pena de agitar desse modo um grande país?" Mas dizeis, mesmo assim, que a nossa agitação, ansiosos que somos de verdade e justiça, é paga muito caro por todo o mal que nos acusam fazer. E, se me condenais, senhores, haverá apenas isto no fundo do vosso veredicto: o desejo de acalmar vossos amigos, a necessidade de que os negócios se recuperem, a crença de que, ao punir-me, deterão uma campanha de reivindicação prejudicial aos interesses da França.

Pois bem, senhores, estais absolutamente enganados. Peço que me deis a honra de acreditar que não defendo aqui minha liberdade. Ao me punir, não fareis senão me engrandecer. Quem sofre pela verdade e a justiça torna-se augusto e sagrado. Observai-me, senhores: tenho cara de vendido, de mentiroso e de traidor? Por que eu agiria assim? Não tenho atrás de mim nem ambição política nem paixão de sectário. Sou um escritor livre, que dedicou sua vida ao trabalho, que amanhã retomará sua tarefa interrompida. E como são tolos os que me chamam de italiano, eu nascido de mãe francesa, educado por avós do Beauce, camponeses desta terra forte, eu que perdi meu pai aos sete anos, que só fui à Itália aos 54 anos e para documentar um livro. O que não me impede de ter muito orgulho por meu pai ser de Veneza, a cidade resplandecente cuja glória antiga está em todas as memórias. E mesmo se eu não fosse francês, será que os quarenta volumes em língua francesa que lancei em milhões de exemplares no mundo inteiro não seriam suficientes para fazer de mim um francês, útil à glória da França?

Não me defendo, portanto. Mas que erro seria o vosso se acreditásseis que, ao me punir, restabeleceríeis a ordem em nosso desditado país! Não compreendeis que o que está matando a nação é a escuridão na qual se obstinam em deixá-la, é o equívoco no qual ela agoniza? As faltas dos governantes se acumulam, uma mentira exige outra, criando um monte assustador de mentiras. Um erro judiciário foi cometido e, desde então, para ocultá-lo, foi preciso diariamente cometer um novo atentado ao bom-senso e à equidade. Foi a condenação de um inocente que provocou a absolvição de um culpado; e eis que hoje vos pedem para me condenar, por minha vez, porque clamei minha angústia ao ver a pátria nesse caminho terrível. Condenai-me, pois, mas será mais uma falta acrescentada às outras, uma falta cujo peso arcareis mais tarde na História. E a minha condenação, em vez de trazer de volta a paz que desejais, que todos desejamos, não será senão uma nova semente de paixão e desordem. O copo está cheio, eu vos digo, não o façais transbordar.

Como não fazeis uma ideia exata da terrível crise que o país atravessa? Dizem que somos nós os autores do escândalo, que os amantes da verdade e da justiça é que perturbam a nação, que provocam o tumulto. Na verdade, o que fazem é zombar do mundo. Então o general Billot, para citar apenas ele, não sabe de tudo há dezoito meses? Então o coronel Picquard não insistiu que ele procedesse à revisão, se não quisesse fazer desencadear uma tempestade? Então o sr. Scheurer-Kestner não lhe suplicou, com lágrimas nos olhos, pensar na França e evitar uma tal catástrofe? Não, não! Nosso desejo foi facilitar tudo, amortecer tudo, e, se o país está em dificuldade, a culpa é do poder que, desejando acobertar os culpados e movido por interesses políticos, recusou tudo, acreditando que seria bastante forte para impedir a luz de aparecer. Desde esse dia, ele manobrou apenas na sombra, em favor das trevas, e é ele, somente ele, o responsável pela enorme agitação que domina as consciências.

O caso Dreyfus, ah! senhores, tornou-se muito pequeno na hora atual, parece muito perdido e distante, se pensarmos nas terríveis questões que levantou. Não há mais caso Dreyfus, trata-se agora de saber se a França é ainda a França dos direitos do homem, a que deu a liberdade ao mundo e que devia dar-lhe a justiça. Somos ainda o povo mais nobre, o mais fraterno, o mais generoso? Conservaremos na Europa nosso renome de equidade e humanidade? Não são todas as conquistas que fizemos que estão sendo postas em questão? Abri os olhos e compreendei que, para estar numa tal confusão, a alma francesa foi remexida até suas íntimas profundezas diante de um perigo temível. Um povo não é agitado desse modo sem que sua própria vida moral esteja em perigo. A hora é de uma gravidade excepcional, trata-se de salvar a nação.

E, quando tiverdes compreendido isso, senhores, vereis que há um único remédio possível: dizer a verdade, fazer a justiça. Tudo o que retardar a luz, tudo o que somar trevas às trevas não fará senão prolongar e agravar a crise. O papel dos bons cidadãos, dos que sentem a imperiosa necessidade de acabar com isso, é exigir a luz plena. Muitos de nós já pensam assim. Homens de literatura, de filosofia e de ciência se levantam em todas as partes, em nome da inteligência e da razão. E nem vos falo do estrangeiro, do arrepio que percorreu a Europa inteira. E o estrangeiro não é necessariamente o inimigo. Não falemos dos povos que podem amanhã ser adversários. Mas a grande Rússia, nossa aliada, mas a pequena e generosa Holanda, mas todos os povos simpáticos do Norte, mas essas terras de língua francesa, a Suíça e a Bélgica, por que elas têm o coração tão pesado, tão cheio de fraterno sofrimento? Imaginais então uma França isolada no mundo? Quereis, quando passardes a fronteira, que não sorriam mais ao vosso bom renome legendário de equidade e humanidade?

Ai, senhores, como tantos outros esperais talvez o acontecimento repentino, a prova da inocência de Dreyfus, que baixaria do céu como um trovão! A verdade não costuma proceder assim, ela exige pesquisa e inteligência. A prova! Sabemos bem onde poderiam encontrá-la. Mas pensamos nisso só no segredo de nossas almas, e a nossa angústia patriótica é ver a França exposta a receber um dia a bofetada dessa prova após terem comprometido a honra do Exército numa mentira. Quero também declarar claramente que, se apresentamos como testemunhas alguns membros das embaixadas, nossa vontade formal era não citá-los aqui. Sorriram da nossa audácia. Mas não creio que tenham sorrido no ministério de Assuntos Estrangeiros, pois lá devem ter compreendido. Simplesmente quisemos dizer, aos que sabem toda a verdade, que nós também a sabemos. Essa verdade corre pelas embaixadas, amanhã será conhecida de todos. E não temos os meios de ir buscá-la agora onde ela está, protegida por intransponíveis formalidades. O governo, que nada ignora, o governo que está convencido como nós da inocência de Dreyfus, poderá, quando quiser e sem riscos, encontrar as testemunhas que farão finalmente a luz.

Dreyfus é inocente, eu juro. Aposto nisso minha vida e minha honra. Nesta hora solene, perante este tribunal que representa a justiça humana, perante vós, senhores jurados, que sois a emanação mesma da nação, perante a França, perante o mundo inteiro, juro que Dreyfus é inocente. Por meus quarenta anos de trabalho, pela autoridade que esse labor pôde me dar, juro que Dreyfus é inocente. Por tudo o que conquistei, pelo nome que me fiz, por minhas obras que ajudaram na expansão das letras francesas, juro que Dreyfus é inocente. Que tudo isso desmorone, que minhas obras pereçam, se Dreyfus não for inocente! Ele é inocente.

Tudo parece estar contra mim, as duas Câmaras, o poder civil, o poder militar, os jornais de grande tiragem, a opinião pública que eles envenenaram. Tenho a meu favor apenas a ideia, um ideal de verdade e justiça. E estou tranquilo, vencerei.

Não quis que o meu país permanecesse na mentira e na injustiça. Podem me punir aqui. Um dia a França me agradecerá por ter ajudado a salvar sua honra.

CARTA AO SR. BRISSON

Presidente do Conselho dos Ministros

Páginas publicadas no *L'Aurore*, em 16 de julho de 1898.

Muitos acontecimentos se passaram, que resumirei rapidamente. Em 2 de abril, a Corte de Cassação, a que eu recorrera, cassou a decisão do Tribunal Criminal, declarando que era o Conselho de Guerra, e não o ministro da Guerra, que devia me processar. Esse Conselho de Guerra, reunido dia 8, decidiu que me processaria e emitiu também o desejo de que eu fosse riscado dos quadros da Legião de Honra. O novo processo, lançado dia 11, não citava mais que três linhas da minha carta. Em 23 de maio, o processo chegou finalmente ao Tribunal de Versalhes. Mas tendo o meu defensor, o sr. Labori, levantado a exceção de incompetência, e tendo o tribunal se declarado competente, pedimos a anulação da sentença, o que interrompeu os debates. Por fim, tendo a Corte de Cassação rejeitado o nosso recurso em 16 de junho, voltamos a comparecer perante o Tribunal de Versalhes em 18 de julho. Por outro lado, o ministério Méline caiu em 15 de junho e foi sucedido pelo ministério Brisson no dia 28. Em 9 de julho, os três peritos, srs. Belhomme, Varinard e Couard, obtiveram contra mim uma condenação a dois meses de prisão, com *sursis*, e dois mil francos de multa, além de cinco mil francos por perdas e danos para cada um.

Sr. Brisson:

O senhor encarnava a virtude republicana, era o alto símbolo da honestidade cívica, e, bruscamente, cai neste monstruoso caso. Ei-lo despojado de sua soberania moral, não é mais que um homem falível e comprometido.

Que terrível crise e que tristeza medonha para pensadores solitários e silenciosos como eu, que se contentam em observar e escutar! Desde que pertenço à justiça do meu país, fiz-me uma lei de manter-me afastado de toda polêmica; e, se cedo hoje à imperiosa necessidade de lhe escrever esta carta, é porque há horas em que as almas clamam por si mesmas sua angústia. Mas no meu silêncio, de seis meses para cá, no silêncio de tantas outras consciências que vejo estremecidas, que aflição patriótica, que agonia ao ver os melhores da nossa pobre França, em suma, tanta gente inteligente e honesta, entregar-se a todo tipo de compromissos, abandonar sua honra de cidadãos ao vento de loucura que sopra! É de chorar, é de se perguntar que hecatombe de vítimas a mentira ainda vai precisar antes que a verdade se levante no país dizimado, juncado daqueles que pensávamos ser sua probidade e sua força.

Toda manhã, há seis meses, vejo aumentar minha surpresa e minha dor. Não quero nomear ninguém, mas evocar todos os que eu amava, admirava, em quem depositei minha esperança para a grandeza da França. Há homens assim no seu ministério, sr. Brisson, há homens assim nas câmaras, no mundo das letras e das artes, em todas as condições sociais. E o meu grito contínuo é: como é que este, como é que aquele e aquele outro não estão conosco em favor da humanidade, da verdade e da justiça? Eles pareciam ter a inteligência sadia, eu os acreditava de coração correto. Minha razão se confunde. Tanto mais que, quando querem me explicar sua conduta pela necessidade de certas habilidades políticas, compreendo menos ainda. Pois é certo, para todo homem de bom-senso e de fria reflexão, que esses habilidosos correm voluntariamente rumo à sua perdição próxima, inevitável, irreparável.

Eu o julgava um homem perspicaz, sr. Brisson, para saber, como eu, que um ministério não poderá viver enquanto o caso Dreyfus não for legalmente liquidado. Há algo de podre na França, a vida normal só recomeçará quando a obra de saúde for feita. E acrescento que o ministério que fizer a revisão será o grande ministério, o ministério salvador, o que há de se impor e que viverá.

O senhor, portanto, suicidou-se desde o primeiro dia, acreditando talvez fundar solidamente e por muito tempo o seu poder. E o pior é que, em breve, quando tiver caído, terá perdido na aventura sua honra política; pois penso apenas no senhor, não me ocupo dos seus subordinados, o ministro da Guerra e o ministro da Justiça, dos quais é o chefe responsável.

Espetáculo lamentável, o fim de uma virtude, a falência de um homem em quem a República pusera sua ilusão, convencida de que este nunca trairia a causa da justiça, mas que, a partir do momento em que é o mestre, deixa a justiça ser assassinada sob seus olhos! O senhor acaba de matar o ideal. Isso é um crime e tudo se paga, o senhor será punido.

Vejamos, sr. Brisson, que ridícula comédia de inquérito acaba de permitir? Chegamos a acreditar que o famoso dossiê seria levado ao Conselho dos Ministros e que lá todos o examinariam com inteligência, esclarecendo-se uns aos outros, discutindo as peças como elas devem ser discutidas, cientificamente. Mas não. Vê-se claramente pelo resultado que nenhum controle foi feito, que nenhuma discussão séria se estabeleceu, que tudo se limitou a buscar febrilmente no dossiê não a verdade, mas apenas as provas que pudessem melhor combater a verdade, causando impressão sobre os simples de espírito. Ela é conhecida, essa maneira de examinar um dossiê para dele extrair o que possa servir, bem ou mal, para uma convicção obstinadamente já estabelecida. Não se trata aí de uma certeza discutida e provada, mas apenas da obstinação de um homem cujo depoimento, feito em tais condições de estado de espírito pessoal e do meio que o cerca, não tem historicamente o menor valor.

E veja também que mísero resultado! Como! O senhor descobriu só isso? E, se apresenta apenas isso, no furioso desejo que tem de nos vencer, então é só isso que tem a dizer? Mas nós conhecemos as suas três peças, conhecemos sobretudo a que foi apresentada tão violentamente no tribunal e que é a falsidade mais impudente, mais grosseira na qual os ingênuos podem acreditar. Quando penso que um general veio ler seriamente essa monumental mistificação a jurados, que houve um ministro da Guerra para relê-la a deputados e deputados para fazê-la afixar em todas as comunas da França, fico pasmo. Não sei de nada mais tolo que deixe assim seu vestígio na História. E realmente me pergunto a que estado de aberração mental a paixão pode reduzir certos homens, certamente não mais estúpidos que outros, para que deem o menor crédito a uma peça que parece ser o desafio de um falsário, disposto a zombar do mundo.

O senhor sabe muito bem que não vou discutir as duas outras peças produzidas. Estamos cansados de fazer isso, de demonstrar que elas não poderiam se aplicar a Dreyfus. Aliás, a necessidade da revisão continua sendo absoluta a partir do momento em que não foi feita a comunicação nem ao acusado nem à defesa. De todo modo, a ilegalidade é formal, a Corte de Cassação deve anular a sentença do Conselho de Guerra. Mas o senhor sabe dessas coisas tão bem quanto eu, sr. Brisson, e é o que me deixa pasmo. Sabendo-as, como pôde escutar sem estremecer as afirmações apaixonadas do seu ministro da Guerra? Que drama, nesse minuto, se passou na sua consciência? Acredita que a política vem antes de tudo, que é permitido mentir para assegurar ao país a salvação que seu ministério, como o senhor diz, oferece? Acreditá-lo pouco inteligente para conservar uma sombra de dúvida sobre a inocência de Dreyfus é algo penoso para mim; mas admitir por um instante que o senhor sacrifica a verdade, julgando que a mentira é necessária à salvação da França, me parece algo mais insultante ainda. Ah! como eu gostaria de ler o que se passa na sua mente, e como isso deve ser interessante para um psicólogo!

O que posso lhe afirmar é que o senhor torna o nosso governo profundamente ridículo. Contaram-me que, na quinta-feira, a tribuna diplomática permaneceu vazia. Entendo perfeitamente. Nenhum diplomata teria levado a sério a leitura das três famosas peças. E não pense que nossa inimiga Alemanha é a única a se divertir. Nossa grande aliada Rússia, muito bem-informada sobre o caso e absolutamente convencida da inocência de Dreyfus, deveria nos prestar o serviço de lhe dizer o que a Europa pensa de nós. Talvez o senhor a escutasse, a ela, a amiga soberana. Converse então sobre isso com o seu ministro de Assuntos Estrangeiros.

Que ele lhe fale também do efeito das extraordinárias perseguições contra o tenente-coronel Picquart sobre a glória e o renome da França no estrangeiro. Um homem justo pede respeitosamente esclarecimentos e lhe respondem movendo-lhe um processo baseado naquela velha acusação, cuja inépcia os recentes debates no tribunal demonstraram: você me aborrece, eu o suprimo. É algo de terrivelmente cômico, e acredito que não há na história um exemplo mais insolente de iniquidade hipócrita.

Mas se as três peças só se prestam ao riso, o que dizer, sr. Brisson, das supostas confissões de Dreyfus trazidas à tribuna francesa, apresentadas por um dos seus ministros como a base inabalável da sua convicção? Será que a sua honestidade não protesta aqui num grito de furiosa revolta? Será que o senhor não sentiu a abominação desse procedimento que fará se erguer a consciência universal?

As confissões de Dreyfus, meu Deus! Então o senhor ignora toda essa trágica história? Não conhece o relato verdadeiro da sua detenção, da sua degradação? E suas cartas, não as leu? Elas são admiráveis. Não conheço páginas mais elevadas, mais eloquentes. É o sublime na dor, e haverão de ficar como um monumento imperecível quando nossas obras, de nós, escritores, talvez tiverem caído no esquecimento; pois são o soluço mesmo, todo o sofrimento humano. O homem que escreveu essas cartas não pode ser um culpado. Leia-as, sr. Brisson, leia-as uma noite em sua casa, entre os seus familiares. Ficará banhado em lágrimas.

E vêm nos falar a sério das confissões de Dreyfus, desse infeliz que nunca cessou de clamar sua inocência! Escavam-se as lembranças indecisas de homens que se contradisseram vinte vezes, apresentam páginas de diário sem autenticidade nenhuma, cartas que outras cartas desmentem! Testemunhos contrários se oferecem de todos os lados, que ninguém quer ouvir. E aqui também nenhuma legalidade, nenhum auto de perguntas assinado pelo culpado, apenas mexericos no ar, de modo que essas supostas confissões são o nada mesmo, são o inexistente que nenhum tribunal aceitaria.

Então, se é óbvio que essas supostas confissões não seriam aceitas pelos homens razoáveis de qualquer cultura, por que apresentá-las em plena luz, por que exibi-las com tanto estardalhaço? Ah! trata-se aqui da medonha habilidade, do terrível cálculo que é lançar uma convicção fácil ao povo miúdo, aos simples de espírito. Quando eles tiverem lido essas afirmações, não é mesmo?, o senhor espera que todos os humildes dos campos e das cidades o apoiem. Eles dirão dos sedentos de verdade e justiça: "Por que nos aborrecem ainda com seu Dreyfus, se o traidor já confessou tudo?" E, na sua opinião, tudo estará acabado, a monstruosa iniquidade será consumada.

O senhor bem sabe, sr. Brisson, que uma tal manobra é odiosa. Duvido que um homem honesto não tenha se revoltado, com as mãos trêmulas de cólera e indignação. Lá longe, na pior tortura, uma tortura de exceção, ilegal como o julgamento que a infligiu, um miserável continua a clamar sua inocência. E com a maior tranquilidade lhe fazem confessar um crime que não cometeu, servem-se dessas supostas confissões para murá-lo mais estreitamente no cárcere. Mas ele vive e ainda pode responder, para a sorte do senhor, pois no dia em que morrer o crime será irreparável; e, se ele vive, o senhor pode interrogá-lo e obter mais uma vez o grito da sua inocência. Não! É tão simples dizer que ele confessou tudo, convencer o povo disso, enquanto o infeliz lança ao mar sua perpétua queixa, seu clamor infinito de verdade e justiça. Não conheço nada de mais baixo nem de mais covarde.

E eis o senhor com a imprensa imunda, envenenando, como ela, a nação de mentiras, afixando nos muros falsidades e histórias imbecis, para agravar ainda mais a desastrosa crise moral que atravessamos. Ah! pobre povo miúdo da França, que bela educação cívica te dão, a ti que hoje precisarias tanto, para tua salvação amanhã, de uma áspera lição de verdade!

Enfim, sr. Brisson, já que estamos aqui a conversar tranquilamente, julgo dever avisá-lo que espero, com viva curiosidade, a maneira como irá entender a liberdade individual e o respeito à justiça na próxima segunda-feira, no processo de Versalhes.

O senhor não pode ignorar os fatos que se passaram em Paris, antes e depois de cada uma das quinze audiências do primeiro processo, e em Versalhes também, por ocasião da única audiência do segundo. Nesses dias, a França, nossa grande e generosa França, deu ao mundo o execrável espetáculo de um punhado de bandidos injuriando e ameaçando de morte um homem, um acusado que se apresentava livremente perante a justiça do seu país. O que pensa disso sua honestidade, sr. Brisson, sua virtude republicana, seu culto dos direitos do homem e do cidadão? Não concorda comigo que somente canibais têm costumes semelhantes e que caímos no desprezo e na repugnância do universo?

Se se tratasse apenas da nação desencaminhada, de uma multidão de boa-fé enlouquecida e saindo às ruas, a escusa da paixão, mesmo criminosa, bastaria. Mas, já que o senhor é hoje o ministro do Interior, converse a esse respeito com o seu chefe de polícia, o sr. Charles Blanc, que é um homem de viva inteligência e de uma urbanidade perfeita. Ele naturalmente está bem-informado. Ele lhe explicará onde e como esses bandos foram recrutados, o preço que pagaram a esses homens, o apoio apaixonado dado pelos círculos clericais, e lhe dirá que somente bandidos, sectários e basbaques, enfim, poderiam seguir os provocadores e jogar esse jogo perigoso. Então espero que não terá dúvidas sobre quem organizou a desordem, ficará convencido de que os organizadores buscavam enganar a França, enganar o mundo, fazer acreditar que Paris inteira se levantava contra mim, envenenando assim a opinião pública e exercendo sobre a justiça a mais infame das pressões.

Mas isso não é tudo o que o sr. Charles Blanc poderá lhe dizer, ao senhor que é o seu chefe. Ele lhe explicará como a polícia precisou nos salvar cada noite, quando algumas detenções, algumas buscas, já no primeiro dia, teriam colocado as coisas em ordem. Certamente não me queixo da polícia, que tem sido muito zelosa e devotada para com a minha pessoa. Só que, acima do próprio chefe de polícia, parece haver um desejo superior de que as coisas aconteçam de um certo modo. Todas as injúrias e ameaças foram permitidas, e as mais baixas, as mais imundas: não se deteve ninguém. Tolerou-se mesmo que os manifestantes pudessem se aproximar o bastante para que houvesse um certo perigo. E a polícia só intervinha, só me salvava no momento exato em que as coisas ameaçavam sair fora de controle. Tudo foi feito com muita arte, o efeito desejado nos altos escalões era evidentemente dar a entender ao mundo que toda noite era preciso uma batalha para subtrair-me à justa indignação do povo de Paris.

Pois bem, sr. Brisson, eu me pergunto com curiosidade que plano de campanha irá traçar com o sr. Charles Blanc. Nesse ponto o senhor é o mestre absoluto, nenhum dos outros ministros poderá intervir, pois, além da sua autoridade como presidente do Conselho, o senhor é o ministro do Interior, responde pela tranquilidade das ruas. Então saberemos em que condições o senhor julga que um acusado deve comparecer perante a justiça, se é permitido injuriá-lo e ameaçá-lo e se um espetáculo de tal barbárie não é uma desonra suprema para a França. Creio que nunca estivemos, meus amigos e eu, num perigo sério. Mas não importa. Como é preciso prever tudo, declaro de antemão, sr. Brisson, que, se nos assassinarem na segunda-feira, o senhor é que será o assassino.

E, para terminar, deixe-me ainda mostrar minha surpresa diante de homens tão pequenos.

Compreendo a rigor que não haja, entre os seus, alguém altivamente apaixonado pela ideia, capaz de dar a vida e a fortuna pela simples alegria de ser justo e de retornar às suas tarefas quando a verdade tiver vencido. No entanto, muitos são ambiciosos, aliás, todos são ambiciosos. Então como se explica que, entre eles, não se levante ao menos um ambicioso de viva inteligência, de audácia e força, um desses ambiciosos de grande talento, de olhar claro e mão pronta, capaz de ver onde está o verdadeiro jogo e de jogá-lo com valentia?

Vejamos, quantos entre os seus ambicionam a Presidência da República? Todos, não é mesmo? E todos se olham com olhares oblíquos, todos acreditam agir de uma maneira superior, este pela prudência, aquele pela popularidade, um outro pela austeridade. E todos me fazem rir, pois nenhum suspeita que, dentro de três anos, o político que entrará no Palais de l'Élysée será o que tiver restaurado entre nós o culto da verdade e da justiça, procedendo à revisão do processo Dreyfus.

Acredite-me, os poetas são um pouco videntes. Dentro de três anos, a França não será mais a França, a França terá morrido, ou teremos na presidência o chefe político, o ministro justo e sensato que terá pacificado a nação. E, castigo merecido dos cálculos mesquinhos e covardes, das paixões cegas e sem inteligência, todos os que tomaram partido contra o direito oprimido e a humanidade ultrajada cairão por terra, com seu sonho em pedaços, sob a execração pública.

Assim, toda vez que vejo um dos seus ceder ao vento da loucura, sujar-se no caso Dreyfus, achando estupidamente que assim favorece sua candidatura, digo a mim mesmo: "Mais um que não será presidente da República!"

Aceite, sr. Brisson, a certeza da minha alta consideração.

JUSTIÇA

Páginas publicadas no *L'Aurore*, em 5 de junho de 1899.

Dez meses e meio se passaram, portanto, entre o artigo anterior e este. Em 18 de julho de 1898, não comparecemos perante o Tribunal de Versalhes, por não ter sido aceito o pedido do sr. Labori de um adiamento do processo; e o Tribunal condenou-me novamente a um ano de prisão e a três mil francos de multa. Na mesma noite, parti para Londres, a fim de que a sentença não me pudesse ser comunicada e se tornasse executória. Resumo em linhas gerais esse longo lapso de tempo. Em 31 de agosto, o coronel Henry, após confessar sua falsidade, suicidou-se no forte de Mont-Valérien. Em 26 de setembro, a Corte de Cassação aceita o pedido de revisão. Em 29 de outubro, declara o pedido admissível em sua forma e diz que será feito um inquérito suplementar. No dia 31, o ministro Dupuy substitui o ministério Brisson. Em 16 de fevereiro de 1899, o presidente Félix Faure morre, e o presidente Émile Loubet o substitui em 18 de fevereiro. A lei de cedência é votada pelas Câmaras em 1º de março. Finalmente, em 3 de junho, a Corte de Cassação anula o julgamento de 1894, e retorno à França em 5 de junho, na manhã mesma em que era publicado este artigo. Por outro lado, em 10 de agosto de 1898, a Corte de Apelação, confirmando o julgamento feito a rogo dos três peritos, srs. Belhomme, Varinard e Couard, condenou-me à revelia a um mês de prisão, sem *sursis*, mil francos de multa e dez mil francos por perdas e danos a cada perito. Estes, durante a minha ausência, fizeram penhorar objetos em minha casa, em 23 e 29 de setembro, e a venda se deu em 10 de outubro, no valor de 32 mil francos, total das somas exigidas. Em 26 de julho de 1898, o conselho da ordem da Legião de Honra acreditou dever suspender-me do meu grau de oficial.

Vai fazer onze meses que deixei a França. Durante onze meses me impus o exílio mais completo, o retiro mais ignorado, o silêncio mais absoluto. Fui como o morto voluntário, deitado no túmulo secreto, à espera da verdade e da justiça. E hoje, tendo a verdade vencido e reinando finalmente a justiça, renasço, retorno e retomo o meu lugar na terra francesa.

Dezoito de julho de 1898 ficará, na minha vida, como a data terrível, aquela em que sangrei todo o meu sangue. Foi em 18 de julho que, cedendo a necessidades táticas, escutando os irmãos de armas que me acompanhavam na mesma batalha e para a honra da França, tive de abandonar tudo o que eu amava, todos os meus hábitos de coração e de espírito. Depois de tantos dias em que me ameaçaram e me encheram de injúrias, aquela brusca partida foi certamente o sacrifício mais cruel exigido de mim, minha suprema imolação à causa. As almas baixas e tolas, que imaginaram e afirmaram que eu fugia da prisão, deram prova tanto de vilania quanto de falta de inteligência.

A prisão, santo Deus! Mas eu nunca pedi outra coisa senão a prisão! Mas ainda estou pronto a aceitá-la, se necessário! Para que me acusem de não querê-la, é preciso ter esquecido toda essa história e o processo que busquei, com o único desejo de que ele fosse o campo onde brotaria a colheita da verdade e com o completo sacrifício que fiz do meu repouso, da minha liberdade, oferecendo-me em holocausto, aceitando de antemão a minha ruína, se a justiça triunfasse. Não é claramente evidente, hoje, que a nossa longa campanha, conduzida por meus amigos e por mim, não foi senão uma luta desinteressada para fazer brotar dos fatos o máximo de luz possível? Se quisemos ganhar tempo, se opusemos ação judicial a ação judicial, é porque nos encarregávamos da verdade como quem se encarrega de uma alma, é porque não queríamos deixar se extinguir em nossas mãos o seu pequeno brilho que a cada dia aumentava. Era como a pequena lâmpada sagrada transportada em pleno vento e que é preciso defender contra a fúria da multidão, transtornada por mentiras. Tínhamos somente uma tática: permanecer senhores do nosso caso, prolongá-lo tanto quanto possível para que ele provocasse os acontecimentos, tirando dele, enfim, as provas decisivas que prometêramos. E nunca pensamos em nós, nunca agimos senão para o triunfo do direito, dispostos a pagá-lo com a nossa liberdade e a nossa vida.

Lembrem-se da situação que me impuseram em julho, em Versalhes. Era o estrangulamento sem palavras. E eu não queria ser estrangulado desse modo, não me convinha ser executado durante a ausência do Parlamento, em meio às paixões de rua. Nossa vontade era chegar a outubro, na esperança de que a verdade tivesse avançado ainda mais e de que a justiça então se imporia. Por outro lado, convém não esquecer o trabalho que se fazia em surdina a cada hora, tudo o que podíamos esperar dos processos abertos contra o comandante Esterhazy e contra o coronel Picquart. Ambos estavam na prisão, não ignorávamos que fortes claridades se elevariam necessariamente dos inquéritos abertos, se eles fossem conduzidos lealmente; e, sem prever a confissão e o posterior suicídio do coronel Henry, contávamos com o inevitável evento que, mais cedo ou mais tarde, haveria de se produzir, iluminando todo o monstruoso caso com sua verdadeira e sinistra luz. Sendo assim, o nosso desejo de ganhar tempo não se explica? Protelar não era vencer, na mais dolorosa e na mais santa das lutas? Não importa a que preço, era preciso esperar, pois tudo o que sabíamos e esperávamos nos permitia marcar um encontro com a vitória, no outono. Repito que nós mesmos não contávamos, tratava-se apenas de salvar um inocente, de evitar à pátria o mais terrível desastre moral que ela jamais conheceu. E essas razões tinham tanta força que parti, resignado, anunciando o meu retorno para outubro, com a certeza de ser assim um bom operário da causa e de assegurar o seu triunfo.

Mas o que não digo hoje, o que direi algum dia, é a extirpação violenta, o sofrimento que causou esse sacrifício. Esquecem que não sou nem um polemista nem um político que se beneficia de disputas. Sou um livre escritor que teve uma só paixão na vida, a da verdade, que combateu por ela em todos os campos de batalha. Há quase quarenta anos venho servindo o meu país através da pena, com toda a minha coragem, toda a minha força de trabalho e a minha boa-fé. E juro que é uma dor terrível ir embora sozinho, numa noite escura, vendo apagarem-se ao longe as luzes da França, para quem desejou simplesmente sua honra, sua grandeza de justiceira entre os povos. Eu que a cantei em mais de quarenta obras! Eu cuja vida não foi senão um longo esforço para levar seu nome aos quatro cantos do mundo! Eu partir assim, fugir assim, com uma matilha de miseráveis e loucos galopando atrás dos meus calcanhares, perseguindo-me com ameaças e ultrajes! São horas atrozes das quais a alma sai fortalecida, invulnerável daí por diante às feridas iníquas. E, mais tarde, durante os longos meses de exílio que se seguiram, podem imaginar a tortura de ser suprimido dos vivos, à espera cotidiana de um despertar da justiça que a cada dia tarda? Não desejo ao pior dos criminosos o sofrimento que me causou por onze meses a leitura matinal dos despachos da França numa terra estrangeira, onde eles adquiriam um eco sinistro de loucura e desastre. É preciso ter atravessado esse tormento por longas horas solitárias, é preciso ter vivido de longe, e sempre sozinho, a crise em que sucumbia a pátria, para saber o que é o exílio, nas condições trágicas que acabo de conhecer. E os que pensam que parti para fugir da prisão, e para festejar no estrangeiro com o ouro judeu, são pobres criaturas que me inspiram um pouco de aversão e muita piedade.

Eu devia voltar em outubro. Havíamos resolvido protelar até a reabertura das Câmaras, contando ao mesmo tempo com o acontecimento imprevisto que era para nós, com o passar do tempo, o acontecimento certo. E eis que esse acontecimento imprevisto não esperou outubro, produziu-se já no fim de agosto, com a confissão e o suicídio do coronel Henry.

Já no dia seguinte eu quis voltar. Para mim a revisão se impunha, a inocência de Dreyfus seria reconhecida de imediato. Aliás, eu pedira apenas a revisão, o meu papel devia necessariamente findar quando a Corte de Cassação se pronunciasse, e eu estava pronto a me apagar. Quanto ao meu processo, ele não era mais que uma formalidade pura, a meu ver, pois a acusação feita pelos generais de Pellieux, Gonse e Boisdeffre, sobre a qual o júri me condenou, era uma falsidade cujo autor acabava de matar-se. E eu me preparava assim para retornar quando meus amigos de Paris, meus conselheiros, todos os que permaneceram na batalha, escreveram-me cartas cheias de inquietude. A situação continuava grave. Longe de estar resolvida, a revisão parecia ainda incerta. O sr. Brisson, chefe do gabinete, esbarrava em obstáculos sucessivos, traído por todos, não dispondo ele próprio de um simples comissário de polícia. De modo que o meu retorno, em meio a paixões exacerbadas, era visto como um pretexto para novas violências, um perigo para a causa, um estorvo a mais para o ministério em sua tarefa já tão difícil. E, querendo não complicar a situação, tive de ceder, consenti em aguardar um pouco mais.

Quando a Câmara Criminal por fim acolheu nosso pedido de recurso, eu quis voltar. Repito, eu só havia solicitado a revisão, considerava o meu papel terminado a partir do momento em que o caso fosse levado à jurisdição suprema, instituída pela lei. Mas novas cartas chegaram suplicando-me que esperasse, que nada apressasse. A situação, que me parecia tão simples, era, ao contrário, cheia de obscuridade e perigo, disseram-me. O meu nome e a minha personalidade seriam uma tocha a realimentar o incêndio. Por isso meus amigos e conselheiros apelavam aos meus sentimentos de bom cidadão, falando-me de apaziguamento necessário, dizendo-me que eu devia esperar a virada fatal da opinião pública, a fim de não lançar o nosso pobre país numa agitação nefasta. O caso estava em bom caminho, mas nada estava terminado, seria grande o meu arrependimento se uma impaciência da minha parte retardasse a verdade triunfante. E cedi mais uma vez, continuei no tormento da minha solidão e do meu silêncio.

Quando a Câmara Criminal, admitindo o pedido de revisão, decidiu abrir um vasto inquérito, eu quis voltar. Dessa vez, confesso, eu estava exasperado, compreendia perfeitamente que esse inquérito duraria longos meses, pressentia a angústia contínua na qual ele me faria viver. Além do mais, já não havia bastante luz? O relatório do conselheiro Bard, o requisitório do procurador-geral Manau, a defesa do advogado Mornard não haviam estabelecido suficiente verdade para que eu pudesse voltar de cabeça erguida? Todas as acusações que eu fizera, em minha "Carta ao Presidente da República", estavam confirmadas. O meu papel estava cumprido, só me restava voltar para casa. E para mim foi um grande desgosto, uma revolta indignada, de início, quando encontrei entre os meus amigos a mesma resistência ao meu retorno. Eles continuavam em plena batalha, escreviam-me que eu não podia julgar a situação como eles, que seria um perigoso erro reabrir o meu processo paralelamente ao inquérito da Câmara Criminal. O novo ministério, hostil à revisão, encontraria talvez nesse processo o desvio desejado, a ocasião para novos distúrbios. Em todo caso, a Corte tinha necessidade de uma paz absoluta, eu agiria mal vindo embaraçá-la numa emoção popular que seria explorada com toda a certeza contra nós. Lutei, quis mesmo voltar a Paris contra todos os conselhos, sem avisar ninguém. E somente a sabedoria me venceu, resignei-me uma vez mais a longos meses de tortura.

Eis a razão pela qual não voltei, depois de onze meses. Ao manter-me afastado, agi, como no dia em que me expus, à maneira de um soldado da verdade e da justiça. Não fui senão o bom cidadão que aceita o exílio, o total desaparecimento, que consente em não mais existir para o apaziguamento do país, para não apaixonar inutilmente os debates do monstruoso caso. E devo dizer também que, na certeza da vitória, eu conservava o meu processo como o recurso supremo, a pequena lâmpada sagrada com a qual teríamos de novo a claridade se as forças do mal viessem a extinguir o sol. Levei a minha abnegação até o silêncio total. Quis não apenas ser um morto, mas um morto que não fala. Cruzada a fronteira, eu soube me calar. Só se deve falar onde se pode assumir a responsabilidade pelo que se diz. Ninguém me ouviu, ninguém me viu. Repito, eu estava no túmulo, num retiro inviolável, que nenhum estrangeiro pôde conhecer. Os poucos jornalistas que disseram ter se aproximado de mim, mentiram. Não recebi ninguém, vivi no deserto, ignorado por todos. E me pergunto por que o meu país, tão duro em relação a mim, me reprova depois desses onze meses de banimento voluntário que suportei para devolver-lhe a paz, na dignidade e no patriotismo do meu silêncio.

Mas acabou e retorno, pois a verdade se manifesta, pois a justiça se pronuncia. Desejo retornar em silêncio, na serenidade da vitória, sem que o meu retorno possa dar ensejo ao menor distúrbio, à menor agitação de rua. Seria indigno de mim que pudessem me confundir por um instante com os baixos exploradores das manifestações populares. Assim como soube me calar estando fora, saberei retomar o meu lugar na vida nacional como bom cidadão pacífico, que deseja não perturbar ninguém e discretamente recomeçar sua tarefa costumeira, sem que falem mais dele.

Agora que a boa obra está feita, não quero nem aplausos nem recompensa, mesmo se julgam que pude ser um operário útil. Não tive nenhum mérito, a causa é que era bela e humana! Foi a verdade que venceu e não podia ser de outra forma. Desde a primeira hora tive a certeza disso, marchei com segurança, o que diminui minha coragem. Tudo era muito simples. Aceito que digam de mim, como única homenagem, que não fui nem um tolo nem um pérfido. Aliás, já tenho a minha recompensa, a de pensar no inocente que terei ajudado a tirar do túmulo onde há quatro anos agonizava. Ah, confesso que a ideia do seu retorno, o pensamento de vê-lo livre, de apertar-lhe as mãos, agita-me com uma emoção extraordinária e enche-me os olhos de lágrimas felizes. Esse minuto será suficiente para pagar todos os meus cuidados. Meus amigos e eu teremos feito assim uma boa ação, pela qual os bravos corações da França nos terão alguma gratidão. E o que querem mais do que uma família que nos amará, uma esposa e filhos que nos abençoarão, um homem que terá encarnado para nós o triunfo do direito e da solidariedade humana?

Contudo, se a luta atual está terminada para mim, se não desejo tirar da vitória nenhum lucro, nem mandato político, nem honrarias, se minha única ambição é continuar o combate pela verdade através da pena enquanto minha mão puder segurá-la, eu gostaria de deixar assinalada, antes de passar a outras lutas, qual foi a minha prudência, a minha moderação na batalha. Acaso se lembram dos abomináveis clamores que acolheram minha "Carta ao Presidente da República"? Eu era um insultador do Exército, um vendido, um sem-pátria. Amigos literários meus, consternados, assustados, afastaram-se, abandonaram-me no horror do meu crime. Houve artigos escritos, que hoje pesam muito na consciência dos signatários. Enfim, nunca um escritor, por mais brutal, louco, doente de orgulho, havia endereçado a um chefe de Estado uma carta mais grosseira, mais mentirosa, mais criminosa. E agora, que releiam a minha pobre carta. Fico um pouco envergonhado, confesso, envergonhado da sua discrição, do seu oportunismo, quase diria da sua covardia. Pois, já que estou me confessando, posso claramente reconhecer que suavizei muito as coisas, inclusive passei muitas delas em silêncio, daquelas hoje conhecidas, verificadas e das quais eu queria ainda duvidar, de tanto que me pareciam monstruosas e insensatas. Sim, eu já suspeitava de Henry, mas sem prova, e assim julguei prudente nem sequer colocá-lo em causa. Eu adivinhava muitas histórias, algumas confidências haviam chegado a mim, tão terríveis que não me senti no direito de lançá-las em todas as suas consequências. E eis que elas são reveladas, que se tornaram a verdade banal de hoje! Eis que a minha pobre carta se dilui, aparece hoje como inteiramente infantil, um mero romance cor-de-rosa, uma invenção de romancista tímido, diante da soberba e feroz realidade!

Repito que não tive nem o desejo nem a necessidade de triunfar. No entanto, devo constatar que os acontecimentos, nesta hora, comprovaram todas as minhas acusações. Não há um só dos homens por mim acusados cuja culpabilidade não esteja demonstrada, à luz ofuscante do inquérito. O que anunciei, o que previ, está aí, de pé, manifesto. E o que docemente me orgulha ainda mais é que a minha carta não tinha violência alguma, era indignada, mas digna de mim: nela não encontrarão nenhum ultraje, nem mesmo uma palavra excessiva, nada senão a altiva dor de um cidadão que pede justiça ao chefe de Estado. Tal foi a eterna história das minhas obras: nunca pude escrever um livro, uma página, sem que me atacassem com mentiras e injúrias, para serem forçados, no dia seguinte, a me dar razão.

Assim tenho a alma serena, sem cólera nem rancor. Se eu escutasse apenas a fraqueza do meu coração, acompanhada do desdém da minha inteligência, tenderia mesmo a um grande perdão, deixaria como castigo aos malfeitores o eterno desprezo público. Mas creio que há sanções penais necessárias, e o argumento decisivo é que, se um temível exemplo não for dado, se a justiça não punir os altos culpados, o povo miúdo nunca acreditará na imensidade do crime. É preciso erguer um pelourinho para que a multidão finalmente saiba. Deixo portanto Nêmesis[4] concluir sua obra vingadora, não a ajudarei. E, na minha indulgência de poeta, plenamente satisfeito com o triunfo do ideal, resta apenas uma revolta exasperada, o pensamento terrível de que o coronel Picquart está ainda preso. Não houve um dia sequer sem que, do meu exílio, a minha dor fraterna não fosse até ele, em sua prisão. Que Picquart tenha sido detido, que há um ano o mantenham num cárcere como um malfeitor, que tenham prolongado sua tortura pela mais infame das comédias judiciárias, é um fato monstruoso que desnorteia a razão. A mancha será inapagável para todos os envolvidos nessa iniquidade suprema. E se amanhã Picquart não for libertado, é a França inteira que nunca se lavará da inexplicável loucura de ter deixado nas mãos criminosas dos carrascos, dos mentirosos, dos falsários, o mais nobre, mais heroico e o mais glorioso dos seus filhos.

Somente então a obra estará completa. E o que semeamos não é uma colheita de ódio, é uma colheita de bondade, de equidade, de esperança infinita. Hoje pode-se apenas prever sua riqueza. Todos os partidos políticos soçobraram, o país foi dividido em dois campos: de um lado, as forças reacionárias do passado; de outro, os espíritos de análise, de verdade e de retidão em marcha rumo ao futuro. Esses postos de combate são os únicos lógicos, devemos conservá-los para as conquistas de amanhã. Mãos à obra, portanto, através da pena, da palavra, da ação! Mãos à obra pelo progresso e pela libertação! Será o acabamento de 1789, a revolução pacífica das inteligências e dos corações,

---

4. Deusa grega da vingança e da justiça distributiva. (N.T.)

a democracia solidária, liberada das forças ruins, fundada finalmente na lei do trabalho, que permitirá a repartição equitativa das riquezas. Com isso a França livre, a França justiceira, anunciadora da justa sociedade do próximo século, será soberana entre as nações. Não há império armado de ferro que não desabe quando ela der a justiça ao mundo, assim como já lhe deu a liberdade. Não vejo para ela um outro papel histórico, e ela não conheceu ainda um tal resplendor de glória.

Estou em minha casa; o sr. Procurador-Geral pode, portanto, quando lhe aprouver, notificar-me a decisão do Tribunal de Versalhes que me condenou, à revelia, a um ano de prisão e a três mil francos de multa. E voltaremos a nos ver perante o júri.

Ao fazer-me processar, não quis senão a verdade e a justiça. Elas existem hoje. Meu processo não tem mais utilidade e não me interessa mais. A justiça deverá simplesmente dizer se há crime em querer a verdade.

O QUINTO ATO

Páginas publicadas no *L'Aurore* em 12 de setembro de 1899.

Eu havia recorrido à sentença do Tribunal de Versalhes e à da Corte de Apelação de Paris, esta em relação aos peritos, ambas pronunciadas à revelia, e aguardava. A justiça, aliás, não tinha mais pressa, ela desejava conhecer o resultado do novo processo Dreyfus, em Rennes. O ministério Dupuy, caído em 12 de junho de 1899, acabava de ser substituído pelo ministério Waldeck-Rousseau, em 22 de junho. Foi em 1º de julho que Dreyfus desembarcou na França, numa noite de tempestade; em 8 de agosto começou o seu novo processo, e em 9 de setembro um conselho de guerra o condenou pela segunda vez. Escrevi este artigo no dia seguinte.

Estou assombrado. E não é mais a cólera, a indignação vingadora, a necessidade de clamar o crime, de pedir o seu castigo, em nome da verdade e da justiça: é o assombro, o terror sagrado do homem que vê o impossível se realizar, os rios remontarem a suas nascentes, a terra sair dos eixos sob o sol. E o que clamo é a aflição da nossa generosa França, é o pavor do abismo no qual despenca.

Havíamos imaginado que o processo de Rennes era o quinto ato da terrível tragédia que vivemos há cerca de dois anos. Todas as peripécias perigosas nos pareciam esgotadas, tudo se encaminhava para um desfecho de apaziguamento e concórdia. Após a dolorosa batalha, a vitória do direito tornava-se inevitável, a peça devia terminar bem, com o clássico triunfo do inocente. E eis que nos enganamos, uma nova peripécia se declara, a mais inesperada, a mais terrível de todas, ensombrando outra vez o drama, prolongando-o e lançando-o a um final ignorado, diante do qual nossa razão se turva e desfalece.

O processo de Rennes não era senão o quarto ato. E, santo Deus!, qual será então o quinto? De que novas dores e sofrimentos vai ser feito, a que expiação suprema lançará a nação? Pois, afinal, é certo que o inocente não pode ser condenado duas vezes e que um tal desfecho extinguiria o sol e sublevaria os povos.

Ah! esse quarto ato, esse processo de Rennes, em que agonia moral o vivi, no fundo da completa solidão na qual me refugiei para desaparecer de cena como bom cidadão, desejoso de não ser mais um motivo de paixão e de distúrbio! Com que aperto no coração esperei as notícias, as cartas, os jornais, e que revolta, que dor ao lê-los! As jornadas do admirável mês de agosto se tornavam negras, e nunca senti a sombra e o frio de um luto tão terrível, sob céus mais brilhantes.

É verdade que não me faltaram sofrimentos nos últimos dois anos. Ouvi os berros de morte da multidão nos meus calcanhares, vi passar a meus pés uma enxurrada imunda de ultrajes e ameaças, conheci durante onze meses as desesperanças do exílio. E houve ainda os meus dois processos, espetáculos lamentáveis de vilania e de iniquidade. Mas o que são os meus processos comparados ao de Rennes? Idílios, cenas refrescantes nas quais floresce a esperança. Assistimos a monstruosidades: os processos contra o coronel Picquart, o inquérito da Câmara Criminal, a lei de cedência que dele resultou. Mas tudo isso é só infantilidade, a inevitável progressão seguiu seu curso, o processo de Rennes surgiu no alto, enorme, como a flor abominável de todos os estercos amontoados.

Vimos ali o mais extraordinário conjunto de atentados contra a verdade e contra a justiça. Um bando de testemunhas dirigindo os debates, agindo em conluio toda noite para montar a farsa do dia seguinte, assumindo a golpes de mentiras o lugar do Ministério Público, aterrorizando e insultando os seus contraditores, impondo-se pela insolência dos galões e dos penachos. Um tribunal exposto à invasão dos chefes, que sofre visivelmente por vê-los em postura criminosa, que obedece a uma mentalidade especial, que deveria ser longamente desmontado para julgar os juízes. Um Ministério Público grotesco, que recua os limites da imbecilidade, que deixa aos historiadores de amanhã um requisitório cuja nulidade estúpida e mortífera será um eterno estupor, de uma crueldade tão senil e obstinada que parece inconsciente, nascida de um animal humano ainda não classificado. Uma defesa que primeiro tentam assassinar, para depois fazerem-na sentar-se toda vez que se torna incômoda, à qual não permitem apresentar a prova decisiva, quando ela reclama as únicas testemunhas que realmente sabem.

Essa abominação durou um mês diante do inocente Dreyfus, cujo pobre farrapo humano faria chorar as pedras; seus ex-colegas vieram dar-lhe mais um pontapé, seus ex-chefes vieram esmagá-lo com suas graduações, para salvarem-se eles mesmos da prisão, e não houve um grito de piedade, um estremecimento de generosidade nessas almas vis. E foi a nossa doce França que deu esse espetáculo ao mundo!

Quando tiverem publicado o relatório completo do processo de Rennes, não existirá um monumento mais execrável da infâmia humana. É algo que ultrapassa tudo, nenhum documento mais pérfido terá sido fornecido à História. A ignorância, a tolice, a loucura, a crueldade, a mentira e o crime expõem-se com tal impudência que as gerações vindouras vão estremecer de vergonha. Há ali confissões da nossa baixeza que farão a humanidade inteira corar. E é exatamente o que me assusta, pois, para que um processo como esse tenha podido acontecer numa nação, para que uma nação forneça ao mundo civilizado um tal retrato do seu estado moral e intelectual, é preciso que ela atravesse uma horrível crise. Será o anúncio da morte próxima? E que banho de bondade, de pureza, de equidade nos salvará da lama envenenada na qual agonizamos?

Como escrevi na minha "Carta ao Presidente da República", após a escandalosa absolvição de Esterhazy, é impossível que um conselho de guerra desfaça o que fez um conselho de guerra. Isso é contrário à disciplina. E a sentença do Conselho de Guerra de Rennes, no seu embaraço jesuítico, essa sentença que não tem a coragem de dizer sim ou não, é a prova evidente de que a justiça militar é incapaz de ser justa, pois não é livre, pois se recusa à evidência, preferindo condenar de novo um inocente a pôr em dúvida sua infalibilidade. Ela não é mais que uma nova arma de execução na mão dos chefes. Daqui por diante só poderia ser uma justiça expeditiva, em tempo de guerra. Em tempo de paz deve desaparecer, já que se mostra incapaz de equidade, de simples lógica e de bom-senso. Ela mesma se condenou.

Já pensaram na situação atroz que nos encontramos entre as nações civilizadas? Um primeiro Conselho de Guerra, enganado em sua ignorância das leis, em sua inabilidade de julgar, condena um inocente. Um segundo, ainda mais enganado pelo impudente complô de mentiras e de fraudes, absolve um culpado. Um terceiro Conselho de Guerra, quando a luz foi feita, quando a mais alta magistratura do país quer deixar-lhe a glória de reparar o erro, ousa negar a plena luz e de novo condena o inocente. É o irreparável, o crime supremo foi cometido. Jesus foi condenado somente uma vez. Mas preferem que tudo desabe, que a França se divida, que a pátria em chamas mergulhe nos escombros, que o próprio Exército perca sua honra, a confessar que companheiros se enganaram e que alguns chefes agiram como mentirosos e falsários! A ideia deve ser crucificada, o sabre deve continuar reinando.

Eis-nos assim diante da Europa, diante do mundo, nessa bela situação. O mundo inteiro está convencido da inocência de Dreyfus. Se restava alguma dúvida num povo longínquo, o brilho ofuscante do processo de Rennes terá levado a luz até lá. Todas as cortes das grandes potências vizinhas estão informadas, conhecem os documentos, têm a prova da indignidade de três ou quatro de nossos generais e da paralisia vergonhosa da nossa justiça militar. Nossa Sedan[5] moral está perdida, cem vezes mais desastrosa que a outra, aquela em que houve apenas sangue derramado. E, repito, o que me assusta é que essa derrota da nossa honra parece irreparável, pois como cassar os julgamentos de três conselhos de guerra, onde encontrar o heroísmo de confessar o erro para marchar ainda de cabeça erguida? Onde está o governo de coragem e de salvação pública, onde estão as Câmaras que compreenderão e agirão, antes da inevitável derrocada final?

O pior é que chegamos a um esgotamento de glória. A França quis festejar seu século de trabalho, de ciência, de lutas por liberdade, verdade e justiça. Não houve século de um esforço mais soberbo, como se verá mais tarde. E a França marcou um encontro em sua casa com todos os povos para glorificar sua vitória, a liberdade conquistada, a verdade e a justiça prometidas à terra. Dentro de alguns meses esses povos vão chegar, e o que eles encontrarão será o inocente condenado duas vezes, a verdade enxovalhada, a justiça assassinada. Caímos no desprezo deles, e eles virão se divertir em nossa casa, beberão nossos vinhos, abraçarão nossas empregadinhas, como fazem no albergue duvidoso onde é consentido acanalhar-se. Será isso possível? Será que aceitaremos que a nossa Exposição seja o lugar de má

---

5. Referência à vitória dos alemães sobre os franceses e à capitulação de Napoleão III, em 1870. (N.T.)

fama em que o mundo inteiro virá farrear? Não, não! Precisamos imediatamente do quinto ato da monstruosa tragédia, ainda que tenhamos de sacrificar a nossa carne. Precisamos da nossa honra antes de saudarmos os povos, numa França curada e regenerada.

Esse quinto ato me persegue e volto sempre a ele, procuro-o, imagino-o. Já observaram que esse caso Dreyfus, esse drama gigantesco que comove o universo, parece encenado por um dramaturgo sublime que quer fazer dele uma obra-prima incomparável? Não lembro de peripécias extraordinárias agitando tantas almas. A cada novo ato a paixão aumenta, o horror se faz mais intenso. Nessa obra viva é o destino que possui gênio, que move os personagens, que determina os fatos sob a tempestade que desencadeia. E com certeza ele quer que a obra-prima seja completa e nos prepara um quinto ato sobre-humano que há de refazer a França gloriosa, à frente das nações. Pois estejamos convencidos de que foi ele que quis o crime supremo, o inocente condenado uma segunda vez. Era preciso que o crime fosse cometido para a grandeza trágica, para a beleza soberana, para a expiação, talvez, que permitirá a apoteose. E, agora que tocamos o fundo do horror, espero o quinto ato que concluirá o drama, libertando-nos, trazendo-nos uma saúde e uma juventude novas.

Direi claramente qual é o meu medo hoje. Ele foi sempre, como dei a entender diversas vezes, que a verdade, que a prova decisiva e arrasadora nos viesse da Alemanha. Não é mais o momento de silenciar sobre esse mortal perigo. Há luz demais espalhada, cumpre considerar a possibilidade de partir da Alemanha, como um raio, o desfecho do quinto ato.

Eis aqui a minha confissão. Antes do meu processo, no mês de janeiro de 1898, eu soube da forma mais segura que Esterhazy era o "traidor", que ele forneceu ao sr.

Schwartzkoppen um número considerável de documentos, que muitos desses documentos eram de sua lavra e que a coleção completa se acha em Berlim, no ministério da Guerra. Não tenho de modo algum o ofício de ser patriota, mas confesso que fiquei perturbado com as provas apresentadas; e desde então a minha angústia de bom francês não cessou, vivo no terror de que a Alemanha, nossa inimiga talvez amanhã, se aproveite dessas provas que estão em sua posse.

Mas como! O Conselho de Guerra de 1894 condena Dreyfus, inocente; o Conselho de Guerra de 1898 absolve Esterhazy, culpado, nossa inimiga detém as provas do duplo erro da nossa justiça militar, e tranquilamente a França se obstina nesse erro, aceita o terrível perigo que a ameaça! Dizem que a Alemanha não pode usar documentos obtidos através de espionagem. Por que não? Se a guerra explodir amanhã, não poderá ela começar por destruir a honra do nosso Exército diante da Europa, publicando os documentos, mostrando a iniquidade abominável na qual se obstinaram alguns chefes? Será esse pensamento tolerável, será que a França gozará de um instante de repouso enquanto souber que o estrangeiro tem nas mãos as provas da sua desonra? Digo simplesmente que isso não me deixou dormir.

Decidi então, com Labori, citar como testemunhas os adidos militares estrangeiros, mesmo duvidando que os levaríamos ao tribunal, mas querendo dar a entender ao governo que sabíamos a verdade e que esperávamos que ele agisse. Fizeram ouvidos moucos, gracejaram, deixando a arma nas mãos da Alemanha. E as coisas permaneceram assim até o processo de Rennes. Logo que retornei à França, fui à casa de Labori e insisti desesperadamente para que providências fossem tomadas junto ao ministério; indiquei-lhe a terrível situação, perguntei se não ia intervir para que, por seu intermédio, nos dessem os documentos. Claro que nada era mais delicado; além disso, havia o infeliz Dreyfus, que se queria salvar mesmo ao preço de concessões, para não irritar a opinião pública enlouquecida. Aliás, se o Conselho de Guerra absolvesse Dreyfus, ele retiraria com isso toda a virulência dos documentos, inutilizaria a arma que a Alemanha poderia usar. Dreyfus absolvido seria o erro reconhecido, reparado. A honra estaria salva.

E o meu tormento patriótico recomeçou, mais intolerável, quando senti que um conselho de guerra ia agravar o perigo, condenando de novo o inocente, aquele do qual a publicação dos documentos de Berlim clamará um dia a inocência. Por isso não parei de agir, suplicando a Labori que reclamasse os documentos, citasse em testemunho o sr. Schwartzkoppen, que sozinho poderia esclarecer tudo. E no dia em que Labori, esse herói já atingido por uma bala no campo de batalha, aproveitou uma ocasião oferecida pelos acusadores e exigiu a presença no tribunal de um estrangeiro indigno, no dia em que se levantou para pedir que ouvissem o homem que com uma palavra encerraria o caso, ele cumpriu todo o seu dever, foi a voz heroica que nada fará calar, pois seu pedido sobrevive ao processo e deve fatalmente, no momento oportuno, recomeçá-lo para encerrá-lo através da única solução possível, a absolvição do inocente. O pedido dos documentos foi feito e sustento que eles vão aparecer.

Vejam em que perigo aumentado, intolerável, nos colocou o presidente do Conselho de Guerra de Rennes, ao usar o seu poder discricionário para impedir a divulgação dos documentos. Não há nada mais brutal, trata-se de uma porta voluntariamente fechada à verdade. "Não queremos que nos tragam a evidência, pois queremos condenar." E assim um terceiro Conselho de Guerra junta-se aos outros dois no mesmo erro cego, de modo que um desmentido vindo da Alemanha atingiria agora três sentenças iníquas. Não é isso demência pura, não é algo de causar revolta e inquietação?

O ministério traído por seus agentes, que teve a fraqueza de deixar crianças de mentalidade obscura brincarem com fósforos e facas, o ministério que esqueceu que governar é prever, terá de agir depressa se não quiser deixar à decisão da Alemanha o quinto ato, o desfecho diante do qual todo francês deveria tremer. É ele, o governo, que deve assumir esse quinto ato, o mais cedo possível, para impedir que ele nos venha do estrangeiro. É possível obter os documentos, a diplomacia resolveu dificuldades bem maiores. No dia em que ele souber pedir os documentos enumerados no borderô, estes lhe serão dados. E aí haverá um fato novo, que exigirá uma segunda revisão diante da Corte de Cassação, instruída desta vez, espero, sem declinatória, na plenitude da sua soberana magistratura.

Mas, se o governo ainda recuar, os defensores da verdade e da justiça farão o necessário. Nenhum de nós abandonará seu posto. A prova, a prova invencível, acabaremos por obtê-la.

Em 23 de novembro, estaremos em Versalhes. Meu processo recomeçará, pois querem que ele recomece em toda a sua amplitude. Se daqui até lá não se fizer a justiça, ajudaremos mais uma vez a fazê-la. O meu caro e valente Labori, cuja honra só tem crescido, pronunciará então em Versalhes o discurso que não pôde pronunciar em Rennes; é algo muito simples, nada estará perdido. De minha parte, não o farei calar-se. Ele só precisará dizer a verdade, sem temer prejudicar-me, pois estou pronto a pagá-la com a minha liberdade e o meu sangue.

Perante o Tribunal de la Seine, jurei a inocência de Dreyfus. Afirmo-a diante do mundo inteiro, que agora clama comigo. E, repito, a verdade está em marcha, nada a deterá. Em Rennes ela acaba de dar um passo de gigante. Tenho medo apenas de vê-la chegar como um raio da Nêmesis vingadora, devastando a pátria, se não nos apressarmos em fazê-la resplender nós mesmos, sob o claro sol da França.

Carta à sra. Alfred Dreyfus

Páginas publicadas no *L'Aurore*, em 29 de setembro de 1899.

Escrevi esta carta quando o presidente Loubet assinou o indulto de Alfred Dreyfus, em 19 de setembro, e o inocente, condenado duas vezes, foi devolvido a seus familiares. Eu havia decidido guardar silêncio enquanto o meu processo não fosse concluído em Versalhes; somente então teria falado. Mas foi uma circunstância em que eu não podia permanecer mudo.

Senhora:

O inocente, o mártir lhe foi devolvido. Foi devolvido à esposa, ao filho e à filha, o marido e o pai, e o meu primeiro pensamento se dirige à família por fim reunida, consolada, feliz. Seja qual for ainda o meu pesar de cidadão, não obstante a dor indignada e a revolta que continuam a afligir as almas justas, vivo com a senhora esse minuto delicioso banhado de boas lágrimas, o minuto em que terá estreitado nos braços o morto ressuscitado, saído vivo e livre do túmulo. Apesar de tudo, este é um grande dia de vitória e de festa.

Imagino a primeira noitada, na intimidade da sala familiar, quando as portas estão fechadas e todas as abominações da rua morrem no limiar doméstico. Os dois filhos estão presentes, o pai retornou de uma longa e obscura viagem. Eles o beijam, esperam o relato que ele lhes fará mais tarde. E que paz confiante, que esperança de um futuro reparador, enquanto a mãe docemente se afadiga, tendo ainda a cumprir, após tanto heroísmo, uma tarefa heroica, a de completar com seus cuidados e sua ternura a salvação do crucificado, da pobre criatura que lhe devolvem. Uma doçura adormece a casa fechada, uma infinita bondade banha a peça discreta onde a família sorri, e estamos ali na sombra, mudos, recompensados, nós todos que quisemos isso, que lutamos há tantos meses por esse minuto de felicidade.

Quanto a mim, confesso, a minha obra não foi de início senão uma obra de solidariedade humana, de piedade e de amor. Um inocente sofria o mais atroz dos suplícios, vi somente isso, lancei-me em campanha apenas para livrá-lo dos seus males. Tão logo sua inocência me foi provada, passei a ser perseguido pelo terrível pensamento de tudo o que o miserável havia sofrido, de tudo o que ele ainda sofria no cárcere onde agonizava, sob a fatalidade monstruosa de um enigma que ele mesmo não podia decifrar. Que tempestade nessa cabeça, que espera devoradora recomeçada a cada aurora! E com uma coragem feita apenas de piedade, e com o objetivo único de pôr fim à tortura, não vivi mais senão para levantar a pedra a fim de que o supliciado retornasse à claridade do dia, fosse devolvido aos seus, que cuidariam das suas feridas.

Questão de sentimento, como dizem os políticos, com um leve alçar de ombros. Meu Deus! sim, somente o meu coração estava envolvido, eu partia em socorro de um homem injustiçado, fosse ele judeu, católico ou maometano. Eu acreditava então num simples erro judiciário, ignorava a dimensão do crime que mantinha esse homem preso, esmagado no fundo de um cárcere onde espiavam a sua agonia. Assim não sentia cólera contra os culpados, ainda desconhecidos. Simples escritor, arrancado de sua tarefa costumeira pela compaixão, eu não visava a nenhum objetivo político, não trabalhava para nenhum partido. Desde o início da campanha, o meu partido não foi senão a humanidade a servir.

E o que compreendi a seguir foi a terrível dificuldade da nossa tarefa. À medida que a batalha se desenrolava, se estendia, vi que a libertação do inocente exigiria esforços sobre-humanos. Todos os poderes sociais se coligavam contra nós, tínhamos a nosso favor somente a força da verdade. Teríamos de fazer um milagre para ressuscitar o sepultado. Quantas vezes, durante esses dois anos cruéis, desesperei de tê-lo, de devolvê-lo vivo à sua família! Ele continuava sempre lá, no seu túmulo, e, por mais que fôssemos cem, mil, vinte mil, a pedra pesava tanto com as iniquidades acumuladas que eu temia ver os nossos braços cederem antes do supremo esforço. Nunca, nunca mais! Talvez um dia, dali a muito tempo, faríamos a verdade, obteríamos a justiça. Mas então o infeliz estaria morto; jamais sua esposa, jamais os seus filhos lhe teriam dado o beijo triunfante do retorno.

Mas eis que hoje, senhora, conseguimos o milagre. Dois anos de lutas gigantescas realizaram o impossível, nosso sonho se cumpriu: o supliciado desceu da cruz, o inocente está livre, o seu marido está de volta. Ele não mais sofrerá, assim o sofrimento dos nossos corações terminou, a imagem intolerável cessa de perturbar o nosso sono. Eis por que, repito, hoje é um dia de grande festa, de grande vitória. Discretamente, todos os nossos corações comungam com o seu; não há uma mulher, uma mãe que não tenha se sensibilizado ao pensar nesse primeiro reencontro íntimo, cercado pela simpatia e a afetuosa emoção do mundo inteiro.

Certamente, senhora, esse indulto é amargo. É possível que uma tal tortura moral seja imposta depois de tantas torturas físicas? E que revoltante é dizer que se obtém da piedade o que se deveria obter apenas da justiça!

O pior é que tudo parece ter sido combinado para chegar a essa iniquidade última. Os juízes quiseram isso, golpear mais uma vez o inocente para salvar os culpados, refugiando-se na triste hipocrisia de uma aparência de misericórdia. "Queres a honra? Dar-te-emos somente a esmola da liberdade, para que a tua desonra legal cubra os crimes dos teus carrascos." E não há, na longa série das ignomínias cometidas, um atentado mais abominável contra a dignidade humana. É algo que ultrapassa tudo, fazer mentir a divina piedade, fazer dela o instrumento da mentira, enxovalhar a inocência para que o crime passeie ao sol, galonado e empenachado!

E que tristeza, além disso, que o governo de um grande país se resigne, por uma fraqueza desastrosa, a ser misericordioso quando deveria ser justo! Tremer diante da arrogância de uma facção, acreditar que se faz o apaziguamento com a iniquidade, imaginar não sei que abraço mentiroso e envenenado, é o cúmulo da cegueira voluntária. Será que o governo, após a sentença escandalosa de Rennes, não devia deferi-la à Corte de Cassação, essa jurisdição suprema que está sendo achincalhada de forma tão insolente? Será que a salvação do país não dependia desse ato de energia necessário, que salvaria a nossa honra aos olhos do mundo, que restabeleceria entre nós o reinado da lei? Só há apaziguamento definitivo na justiça, toda covardia será somente causa de uma nova febre, e o que nos faltou até agora é um governo de bravura que aceite ir até o fim do seu dever, para repor no bom caminho a nação desviada, desnorteada pelas mentiras.

Mas nossa decadência é tanta que nos reduzimos a felicitar o governo por ter-se mostrado piedoso. Ele ousou ser bom, santo Deus! Que audácia louca, que extraordinária valentia, essa que o expõe às mordidas das feras, cujos bandos selvagens, saídos da floresta ancestral, rondam à nossa volta! Ser bom quando não se pode ser forte já é meritório. E essa reabilitação, senhora, que deveria ter sido imediata para a justa glória do próprio país, o seu marido pode esperá-la de cabeça erguida, pois não há inocente que seja mais inocente diante de todos os povos da terra.

Ah, senhora, deixe-me dizer qual é a nossa admiração, a nossa veneração, o nosso culto por seu marido. Ele sofreu tanto, e sem parar, sob o assalto da imbecilidade e da maldade humanas, que gostaríamos de pôr um terno curativo sobre cada uma das suas feridas. Sentimos que a reparação é impossível, que a sociedade nunca poderá pagar sua dívida ao mártir, perseguido com uma obstinação tão atroz, por isso elevamos a ele um altar em nossos corações, não podendo lhe dar nada de mais puro nem de mais precioso que esse culto de comovida fraternidade. Ele se tornou um herói, maior que os outros porque sofreu mais. A dor injusta o sacramentou e ele entra agora, augusto, depurado, no templo do futuro onde estão os deuses, aqueles cujas imagens tocam os corações e fazem brotar uma eterna floração de bondade. As cartas imperecíveis que ele lhe escreveu, senhora, ficarão como o mais belo grito de inocência torturada partido de uma alma. E se já houve algum homem fulminado por um destino mais trágico, não há hoje nenhum que tenha subido mais alto no respeito e no amor dos homens.

Além disso, como se os seus carrascos quisessem engrandecê-lo ainda mais, eis que lhe impuseram a tortura suprema do processo de Rennes. Diante desse mártir despregado da cruz, exausto, não se sustentando mais senão pela força moral, eles desfilaram de maneira selvagem e baixa, cuspindo, ferindo-o com ponta de faca, despejando sobre suas chagas fel e vinagre. E ele, o estoico, mostrou-se admirável, sem uma queixa, de uma coragem altiva e de uma tranquila certeza na verdade que farão mais tarde o espanto das gerações. O espetáculo foi tão belo, tão pungente, que a sentença iníqua sublevou os povos após os monstruosos debates que duraram um mês, cada audiência clamando mais alto a inocência do acusado. O destino se cumpria, o inocente tornava-se deus para que um exemplo inesquecível fosse dado ao mundo.

Aqui, senhora, chegamos ao ponto culminante. Não há glória nem exaltação mais elevadas. Seríamos quase tentados a nos perguntar: para que uma reabilitação legal, uma fórmula de inocência jurídica, se não há um homem honesto no universo que não esteja a partir de hoje convencido dessa inocência? Pois esse inocente se tornou o símbolo da solidariedade humana, de uma ponta a outra da Terra. Enquanto a religião do Cristo levou quatro séculos para se formular, para conquistar algumas nações, a religião do inocente, condenado duas vezes, deu num instante a volta ao mundo, reunindo numa imensa humanidade todas as nações civilizadas. Procuro na História um movimento comparável de fraternidade universal e não encontro. O inocente duas vezes condenado fez mais pela fraternidade dos povos, pela ideia de solidariedade e de justiça, do que cem anos de discussões filosóficas, de teorias humanitárias. Pela primeira vez a humanidade inteira teve um grito de libertação, uma revolta de equidade e de generosidade, como se ela formasse somente um povo, o povo único e fraterno sonhado pelos poetas.

Portanto, que seja honrado e venerado o homem eleito pelo sofrimento, em quem a comunhão universal vem se realizar!

Ele pode dormir tranquilo e confiante, senhora, no doce refúgio familiar aquecido por suas mãos piedosas. E conte conosco para a glorificação dele. Somos nós, poetas, que damos a glória, e sabemos que nenhum outro homem de nossa geração deixará uma lembrança tão pungente. Muitos livros já foram escritos em honra dele, toda uma biblioteca se multiplicou para provar a sua inocência, para exaltar o seu martírio. Enquanto do lado dos carrascos contam-se uns raros documentos escritos, volumes e brochuras, os amantes da verdade e da justiça não cessam e não cessarão de contribuir para a História, de publicar as inúmeras peças do imenso inquérito, para um dia estabelecer definitivamente os fatos. É o veredicto de amanhã que se prepara e este será a absolvição triunfal, a reparação grandiosa, com as gerações ajoelhadas pedindo, em memória do glorioso supliciado, o perdão do crime de seus pais.

E somos nós também, senhora, nós, os poetas, que levamos os culpados ao eterno pelourinho. Aqueles que condenamos, as gerações os desprezarão e apuparão. Há nomes criminosos que, marcados de infâmia por nós, não serão mais que destroços imundos na sucessão das idades. A justiça imanente reservou-se esse castigo, ela encarregou os poetas de legarem à execração dos séculos aqueles cuja maleficência social, cujos crimes demasiado grandes escapam aos tribunais ordinários. Sei que para essas almas baixas, para esses gozadores de um dia, esse é um castigo distante do qual zombam. Para eles basta a insolência imediata. Triunfar a golpes de botas é o sucesso brutal que contenta sua fome grosseira. E que lhes importa o amanhã do túmulo, que lhes importa a infâmia se não estarão mais aqui para corar? A explicação do espetáculo vergonhoso que nos deram está nesta baixeza de alma: as descaradas mentiras, as fraudes mais comprovadas, as impudências manifestas, tudo que só poderia durar uma hora e que há de precipitar a ruína dos culpados. Então eles não têm descendência? Não temem que o rubor da vergonha suba mais tarde às faces de seus filhos e netos?

Ah! pobres loucos! Não parecem sequer suspeitar que foram eles próprios que ergueram esse pelourinho no qual gravamos seus nomes. Quero crer que haja aí crânios obtusos que um meio especial, um espírito profissional deformou. Esses juízes de Rennes, por exemplo, que tornam a condenar o inocente para salvar a honra do Exército, pode-se imaginar algo de mais estúpido? O Exército, ah, como eles o serviram bem ao comprometê-lo nessa iníqua aventura! Sempre o objetivo grosseiro, imediato, sem nenhuma previdência do amanhã. Era preciso salvar uns poucos chefes culpados, mesmo à custa de um verdadeiro suicídio dos conselhos de guerra, de uma suspeita lançada contra o alto comando agora envolvido. Aliás, eis aí mais um dos seus crimes: terem desonrado o Exército, terem sido os causadores de mais desordem e mais cólera; a tal ponto que, se o governo indultou a inocência, foi porque cedeu à necessidade urgente de reparar o erro, abstendo-se de impor a justiça por julgar que assim haveria um pouco de paz.

Mas é preciso esquecer, senhora, é preciso sobretudo desprezar. Um grande consolo na vida é desprezar as vilanias e os ultrajes. Sempre me dei bem com isso. Há quarenta anos trabalho, há quarenta anos mantenho-me de pé desprezando as injúrias que me valeram cada uma das minhas obras. E, nos últimos dois anos em que combatemos pela verdade e pela justiça, o fluxo ignóbil aumentou tanto ao nosso redor que estamos blindados para sempre, invulneráveis aos ataques. De minha parte, há jornais imundos e homens da lama que risquei da minha vida. Eles não existem mais, salto seus nomes quando me caem sob os olhos, salto inclusive trechos que possam ser citados de seus escritos. Trata-se de higiene, simplesmente. Ignoro se continuam, o meu desprezo os expulsou do meu pensamento, à espera de que o esgoto os carregue de vez.

E é o esquecimento desdenhoso de tantas injúrias atrozes que aconselho ao inocente. Ele está tão à parte, tão elevado, que não pode mais ser atingido. Que ele torne a viver nos seus braços, sob o claro sol, longe das multidões amatilhadas, ouvindo apenas o concerto das simpatias universais que sobem até ele! Paz ao martirizado que tem tanta necessidade de repouso, e que em torno dele, no retiro onde a senhora irá amá-lo e curá-lo, haja apenas o carinho comovido dos seres e das coisas!

Nós, senhora, vamos continuar a luta, vamos combater amanhã pela justiça tão energicamente quanto ontem. Precisamos reabilitar o inocente, menos por reabilitá-lo, a ele que tem tanta glória, do que para reabilitar a França, que seguramente morreria desse excesso de iniquidade.

Reabilitar a França aos olhos das nações, no dia em que ela anular a sentença infame, tal será o nosso esforço de cada hora. Um grande país não pode viver sem justiça, e o nosso continuará de luto enquanto não tiver apagado a mancha; esse insulto à sua mais alta jurisdição, essa recusa do direito atinge cada cidadão. O vínculo social se desfaz, tudo desmorona quando a garantia das leis não mais existe. E nessa recusa do direito houve uma insolência tão manifesta, uma bravata tão impudente, que não temos sequer o recurso de silenciar sobre o desastre, de enterrar o cadáver em segredo para não corarmos diante dos nossos vizinhos. O mundo inteiro viu, ouviu, e é diante do mundo inteiro que a reparação deve ser feita, retumbante como foi a falta.

Querer uma França sem honra, uma França isolada, desprezada, é um sonho criminoso. Certamente os estrangeiros virão à nossa Exposição, não tenho dúvida de que invadirão Paris, no próximo verão, como se vai a uma festa popular atraído pelo brilho das luzes e a algazarra das músicas. Mas deve isso ser suficiente ao nosso orgulho? Será que não devemos corresponder tanto à estima quanto ao dinheiro desses visitantes vindos dos quatro cantos do mundo? Festejaremos a nossa indústria, as nossas ciências, as nossas artes, vamos expor os trabalhos de um século. Ousaremos expor a nossa justiça? Imagino essa caricatura estrangeira, a ilha do Diabo, reconstituída, mostrada no Campo-de-Marte, e a vergonha me queima, não concebo que a Exposição possa ser inaugurada sem que a França tenha recuperado sua condição de nação justa. Que o inocente seja reabilitado, e somente então a França será reabilitada com ele!

Digo ainda, para terminar, senhora, que pode contar com os bons cidadãos que ajudaram a devolver a liberdade ao seu marido e que ajudarão a devolver-lhe a honra. Nenhum abandonará o combate, eles sabem que lutam pelo país ao lutarem pela justiça. O admirável irmão do inocente lhes dará de novo o exemplo da coragem e da sabedoria. E, já que não pudemos de uma só vez devolver-lhe o ser amado livre e lavado da acusação mentirosa, pedimos-lhe apenas um pouco mais de paciência, confiamos que os seus filhos não tardarão a ter seu nome isento de toda mácula.

E é para esses queridos filhos que o meu pensamento se volta hoje, vejo-os nos braços do pai. Sei com que cuidado e delicadeza a senhora fez questão de mantê-los numa completa ignorância. Eles acreditavam que o pai estivesse em viagem; depois, quando a inteligência lhes abriu os olhos, tornaram-se exigentes, passaram a perguntar, queriam explicações para uma tão longa ausência. O que dizer a eles, quando o mártir continuava lá, no seu túmulo atroz, quando a prova da sua inocência era conhecida apenas de uns poucos? Mas nas últimas semanas, quando essa inocência se manifestou para todos num sol flamejante, eu quis que a senhora os tomasse pela mão e os conduzisse à prisão de Rennes, para que eles tivessem para sempre na memória o pai ali reencontrado, em pleno heroísmo. E também que lhes dissesse o que ele sofreu injustamente, a grandeza moral que teve, e com que ternura eles deviam amá-lo para fazê-lo esquecer a iniquidade dos homens. As pequenas almas dessas crianças se fortaleceriam nesse banho de virtude masculina.

Aliás, não é tarde demais. Em alguma noite o pai, na comovida paz da sala doméstica, as fará sentar sobre os seus joelhos e lhes contará toda a trágica história. É preciso que elas saibam para que o respeitem, para que o adorem como ele merece ser adorado. Depois que tiver falado, elas saberão que não há no mundo um herói mais aclamado, um mártir cujo sofrimento remexeu profundamente os corações. E elas terão orgulho dele, usarão o seu nome com glória, como o nome de um bravo e de um estoico que se depurou até o sublime, sob o mais terrível destino que a atrocidade e a covardia humanas deixaram acontecer. Algum dia, não é o filho nem a filha do inocente, são os filhos dos carrascos que hão de se envergonhar na execração universal.

Queira aceitar, senhora, a certeza do meu profundo respeito.

Carta ao Senado

Páginas publicadas no *L'Aurore*, em 29 de maio de 1900.

Oito meses se passaram de novo entre o artigo precedente e este. A Exposição Universal abriu suas portas em 15 de abril de 1900, estava-se em plena trégua. E o meu processo de Versalhes era adiado regularmente de sessão em sessão. A cada três meses chamavam-me, para que não houvesse prescrição. Então recebi outro papel, comunicando que eu não precisava mais me preocupar. O mesmo em relação ao meu processo com os três peritos, os srs. Belhomme, Varinard e Couard, que era adiado de mês a mês, indefinidamente. Foram necessários cerca de quinze meses, após o indulto de Alfred Dreyfus, para amadurecer o monstro, a lei de anistia, a lei criminosa.

Senhores senadores:

No dia em que, com a morte na alma, foi votada a lei dita de cedência, os senhores cometeram uma primeira falta. Os senhores, os guardiães da lei, permitiram um atentado à lei, retirando de um acusado os seus juízes naturais, suspeitos de serem juízes íntegros. E era já sob a pressão governamental que os senhores cediam, em nome do bem público, para obter o prometido apaziguamento se consentissem em trair a justiça.

O apaziguamento! Lembrem-se de que após a decisão da Corte de Cassação, com todas as câmaras reunidas, a agitação voltou, mais violenta, mais mortífera. Os senhores se desonraram em vão, a partir do momento em que essa lei de circunstância, da qual se esperava a injustiça desejada, favoreceu o triunfo do inocente. E lembrem-se de que houve um tribunal militar para consumar ainda assim a suprema iniquidade, insulto à mais alta magistratura, que fará corar a consciência nacional enquanto o ultraje não tiver sido reparado.

Hoje lhes pedem para cometer uma segunda falta, a última, a mais inábil e a mais perigosa. Não é mais de uma lei de cedência que se trata, mas de uma lei de estrangulamento. Os senhores apenas fizeram mudar os juízes, são solicitados desta vez a dizer que não há mais juízes. Após terem aceito a infame tarefa de adulterar a justiça, ei-los agora encarregados de declarar falida a justiça. E, de novo, lhes põem na garganta a necessidade política, arrancam-lhes o voto em nome da salvação da pátria, afirmam-lhes que somente essa má ação pode nos trazer o apaziguamento.

O apaziguamento! Ele só poderá existir na verdade e na justiça. Não é suprimindo os juízes que os senhores vão obtê-lo, assim como não o obtiveram ao mudá-los. Vão obtê-lo menos ainda, pois agravam a decomposição social, lançam o país numa mentira e num ódio maiores. E quando a miséria desse expediente de uma hora aparecer, quando o lixo enterrado acabar envenenando e enlouquecendo a nação, os senhores é que serão os responsáveis, os culpados, os mandatários cuja fraqueza criminosa a História registrará.

Há mais de dois meses, senhores senadores, quando pedi para ser ouvido pela vossa comissão, o meu desejo era protestar diante dela contra o projeto de anistia com que nos ameaçavam. E escrevo hoje esta carta apenas para renovar esse protesto com mais energia ainda, à véspera do dia em que serão chamados a discutir a lei de anistia que considero, do meu ponto de vista pessoal, como uma negação da justiça e, do ponto de vista da nossa honra nacional, como uma mancha inapagável.

Há necessidade de repetir aqui o que eu disse diante da vossa comissão? Acaba-se por sentir um certo cansaço e uma certa vergonha em repetir sempre as mesmas coisas. É uma história que o mundo inteiro conhece, que ele há muito julgou, em torno da qual somente os franceses podem continuar combatendo, em meio à demência das paixões políticas e religiosas. Eu disse que, depois de terem brutalmente fechado a minha boca em Paris pelo impudente "A questão não será colocada", depois de tentarem impedir que Labori falasse em Versalhes, era realmente monstruoso recusarem-me o processo que desejei, os juízes que paguei adiantado por tantos ultrajes, tantos tormentos e cerca de um ano de exílio para que houvesse o triunfo único da verdade. Eu disse que nunca uma anistia mais extravagante e inquietante terá achincalhado o direito, pois só se anistiam ao mesmo tempo delitos e crimes da mesma ordem, em favor de condenados que já sofrem sua pena, enquanto aqui se trata de anistiar a mais estranha mistura de atos diferentes, cometidos em ordens diversas, sendo que vários deles ainda nem foram submetidos aos tribunais. E eu disse que a anistia era feita contra nós, contra os defensores do direito, para salvar os verdadeiros criminosos, ao fecharem-nos a boca por uma clemência hipócrita e injuriosa, ao colocarem no mesmo saco os honestos e os tratantes, supremo equívoco que fará apodrecer a consciência nacional.

Aliás, não fui o único a dizer essas coisas naquele dia. O coronel Picquart e o sr. Joseph Reinach quiseram, como eu, ser ouvidos pela vossa comissão. Portanto, esta teve o edificante espetáculo de três homens cujos casos são absolutamente diferentes, e dos quais querem se livrar pelo mesmo meio expeditivo da negação da justiça. Eles não se conheciam antes do caso, vieram de três mundos opostos: um sob a ameaça de uma ação perante um conselho de guerra, o outro com um processo judicial em curso e o terceiro condenado à revelia a três mil francos de multa e um ano de prisão. Não importa, seus casos são igualados, submetidos à mesma solução bastarda, sem levar em conta a situação atroz na qual os deixam, a sua vida prejudicada, acusações das quais não poderão se lavar, provas de boa-fé que eles não poderão oferecer. Eles são conspurcados por uma decisão que os iguala aos bandidos, por uma comédia infame que pretende dar uma cor de magnanimidade patriótica a uma medida de iniquidade e covardia universais. E não querem que esses três homens protestem com toda a sua dor de cidadãos lesados nos seus interesses e no seu amor à grande França, da qual acreditaram ser filhos dignos? Pois eu protesto ainda, e sei que o coronel Picquart e o sr. Joseph Reinach protestam aqui comigo, como o fizeram no dia em que comparecemos diante da vossa comissão.

Mas essas coisas, senhores senadores, todo mundo sabe, os senhores mesmos sabem melhor que ninguém, estando nos bastidores políticos em que a monstruosa aventura foi preparada. A vossa comissão sabia, o que explica a angústia jurídica na qual se debateu por muito tempo, a repugnância que sentia em promover um projeto indigno, repugnância que, nas circunstâncias que os senhores conhecem, somente a pressão governamental pode ter vencido. Estou certo de que os senhores mesmos concordam, em voz baixa, que nunca se viu tamanha quantidade de ignomínias, mentiras e crimes, de ilegalidades flagrantes e negações de justiça. É mesmo o acúmulo assustador dos atentados e das vergonhas que os horroriza. Como limpar o país de tudo isso? Como aplicar a justiça a todos, sem que a França do passado seja abalada em suas velhas fundações e sem ser obrigado, enfim, a reconstruir a jovem e gloriosa França do amanhã? E os pensamentos covardes nascem nos espíritos mais firmes, há cadáveres demais, vai-se abrir uma fossa para enterrá-los às pressas com a esperança de que não se fale mais nisso, mas com o risco de que sua decomposição atravesse a fina camada de terra que os recobre e logo espalhe a peste pelo país inteiro.

É exatamente isso, não é mesmo? E estamos de acordo de que o mal, vindo das profundezas ocultas do corpo social, revelado à luz do dia, é terrível. Apenas divergimos sobre a maneira de tentar a cura. Os senhores, homens do governo, enterram, parecem acreditar que o que não se vê não mais existe; ao passo que nós, simples cidadãos, gostaríamos de purificar já, de queimar os elementos podres, de liquidar os fermentos de destruição para que o corpo inteiro recupere a saúde e a força.

E o futuro dirá quem tinha razão.

A história é muito simples, senhores senadores, mas não é inútil resumi-la aqui.

No começo do caso Dreyfus, houve apenas uma questão de justiça, o erro judiciário do qual alguns cidadãos, de coração mais justo, mais terno que os outros certamente, quiseram a reparação. Pessoalmente, de início, não vi nele outra coisa. Mas eis que logo, à medida que a monstruosa aventura se desenrolava, e as responsabilidades remontavam mais acima, atingindo os chefes militares, os funcionários, os homens de poder, a questão se apoderou do corpo político inteiro, transformando a causa célebre numa crise terrível e geral, na qual a própria França parecia dever decidir-se. Foi assim que, aos poucos, dois partidos se defrontaram: de um lado a reação, todos os adversários da verdadeira República que deveríamos ter, todos os espíritos que, talvez sem que o saibam, são a favor da autoridade sob diversas formas, religiosa, militar, política; de outro a livre ação rumo ao futuro, todos os cérebros liberados pela ciência, todos os que buscam a verdade, a justiça, que creem no progresso contínuo, cujas conquistas acabarão por realizar um dia a maior felicidade possível. E desde então a batalha foi sem trégua.

De judiciário que era, e que deveria ter permanecido, o caso Dreyfus se tornou político. Todo o veneno está aí.

Ele foi a ocasião que fez vir à superfície o obscuro trabalho de envenenamento e decomposição com que os adversários da República vêm minando o regime há trinta anos. Todos percebem hoje que a França, a última das grandes nações católicas que permaneceu de pé e poderosa, foi escolhida pelo catolicismo, eu diria melhor pelo papismo, para restaurar o poder enfraquecido de Roma. E foi assim que uma invasão surda se fez, que os jesuítas, sem falar dos outros instrumentos religiosos, se apoderaram da juventude com uma habilidade incomparável; de modo que, um belo dia, a França de Voltaire, a França que ainda se mantinha afastada dos padres, despertou clerical, nas mãos de uma administração, de uma magistratura, de um comando do Exército que toma sua palavra de ordem em Roma. As aparências ilusórias caíram de uma só vez, percebemos que só tínhamos uma República de fachada, sentimos que marchávamos num terreno minado por todos os lados, no qual cem anos de conquistas democráticas iam desabar.

A França estava a ponto de pertencer à reação, eis aí o grito, eis aí o terror. Isso explica a decadência moral a que nos arrasta aos poucos a covardia das câmaras e do governo. Tão logo uma câmara, tão logo um governo teme agir, por receio de desagradar os senhores de amanhã, a queda é imediata e fatal. Imaginem os homens no poder percebendo não ter mais na mão nenhuma das peças necessárias, nem funcionários obedientes, nem militares escrupulosos da disciplina, nem magistrados íntegros. Como processar o general Mercier, mentiroso e falsário, quando todos os generais se solidarizam com ele? Como levar os verdadeiros culpados aos tribunais, quando se sabe que há magistrados para absolvê-los? Como governar enfim com honestidade, quando nenhum funcionário executará honestamente as ordens? Em tais circunstâncias, o poder precisaria de um herói, de um grande homem de Estado, decidido a salvar o seu país mesmo pela ação revolucionária. E, como esses homens faltam por ora, vimos a debandada dos nossos ministros, impotentes e inabilidosos, quando não eram cúmplices e canalhas, derrubados uns em cima dos outros sob os golpes de câmaras enlouquecidas, expostas às facções, caídas na ignomínia do egoísmo estreito e das questões pessoais.

Mas isso não é tudo, o mais grave e doloroso foi deixar o país ser envenenado por uma imprensa imunda, que com impudência o entupiu de mentiras, calúnias e ultrajes, a ponto de enlouquecê-lo. O antissemitismo foi apenas a exploração grosseira de ódios ancestrais para redespertar as paixões religiosas num povo de descrentes que não vai mais à missa. O nacionalismo foi apenas a exploração, igualmente grosseira, do nobre amor à pátria, uma tática de política abominável que levará o país diretamente à guerra civil no dia em que tiverem convencido uma metade dos franceses de que a outra metade os trai e os vende ao estrangeiro, simplesmente porque ela pensa de outro modo. E foi assim que puderam se formar maiorias, professando que o verdadeiro era falso, que o justo era o injusto, maiorias que não quiseram sequer ouvir, condenando um homem porque era judeu, perseguindo com gritos de morte os pretensos traidores cuja única paixão era salvar a honra da França no desastre da razão nacional.

A partir desse momento, desde que se pôde acreditar que o próprio país passava para a reação, foi o fim do pouco de bravura das câmaras e do governo. Colocar-se contra as maiorias possíveis, nem pensar! O sufrágio universal, que parece tão justo, tão lógico, possui a tara terrível de que todo eleito pelo povo não é mais que o candidato de amanhã, escravo do povo, em sua triste necessidade de ser reeleito; de modo que, quando o povo enlouquece, numa dessas crises de que temos agora um exemplo, o eleito está à mercê do louco, fala como ele, não tendo a coragem de pensar e de agir como homem livre. Eis assim o doloroso espetáculo a que assistimos nos últimos três anos: um Parlamento que não sabe como usar o seu mandato por receio de perdê-lo, um governo que, após deixar a França cair nas mãos dos reacionários, dos envenenadores públicos, teme a cada hora ser derrubado, faz as piores concessões aos inimigos do regime que ele representa, simplesmente para ser o mestre por mais alguns dias.

Não são essas as razões, senhores senadores, que os farão decidir essa nova concessão de uma anistia cujo resultado será subtrair ao castigo os principais culpados, que nenhum ministério ousou processar? Os senhores pensam salvar a si mesmos ao dizerem que é preciso salvar o governo do areal mortal no qual se enterrou por suas contínuas fraquezas. Se um homem de Estado enérgico, simplesmente honesto, tivesse detido o general Mercier desde o seu primeiro crime, tudo teria há muito voltado à ordem. Mas, a cada novo recuo da justiça, a audácia dos criminosos naturalmente cresceu, e é verdade que as abominações aumentaram tanto que nesta hora seria preciso uma grande coragem para liquidar o caso, segundo a justiça, no melhor dos interesses da França. Ninguém tem essa coragem, todos tremem frente à ideia de se expor à onda de injúrias dos antissemitas e dos nacionalistas, todos se curvam diante da loucura na qual o veneno lançou algumas maiorias de eleitores, e assim são levados a uma nova covardia, a uma falta suprema que acabará por entregar o país à reação, cada vez mais audaciosa e triunfante.

Mas não têm os senhores consciência de que é uma operação estranha enterrar as questões incômodas com a ideia infantil de que as suprimem? Há três anos ouço os políticos repetirem que não há ou que não há mais caso Dreyfus, quando eles têm um interesse em acreditar nisso. No entanto, o caso Dreyfus segue o seu desenrolar lógico, pois é certo que ele só terminará quando estiver terminado. Nenhuma força humana pode deter a verdade em marcha.

Hoje vemos um novo pânico e os políticos aterrorizados, dispostos a decretar de novo que não há mais caso Dreyfus, que nunca mais haverá. Eles esperam, cavando adiante o buraco no qual se enterram e jogando a lei da anistia por cima, que doravante ele não mais ressuscitará. Esforço inútil, pois ele voltará como o espectro, como uma alma penada, enquanto a justiça não for feita. Não há repouso para um povo senão na verdade e na equidade.

E o pior é que os senhores agem talvez de boa-fé quando imaginam que, graças a esse estrangulamento da justiça, conseguirão a paz. É pelo apaziguamento tão desejado que sacrificam, no altar da pátria, suas consciências de legisladores honestos. Ah! pobres ingênuos ou simples egoístas inabilidosos, que mais uma vez perderão a honra em vão! É ilusório o apaziguamento quando os membros da República se entregam um a um aos inimigos, para obter seu silêncio. Estes vão gritar mais alto, vão redobrar as injúrias a cada satisfação que lhes derem. Essa lei da anistia que os senhores fazem para eles, para salvar seus chefes da prisão, eles berrarão que fomos nós que obtivemos, que os senhores são traidores, que os ministros são traidores, que o presidente da República é um traidor. E, quando tiverem votado a lei, os senhores terão agido como traidores, para salvar traidores. Será esse o apaziguamento que os espera após a anistia, sob a onda de lama com que os cobrirão, aos aplausos dos canibais que dançarão a dança do massacre.

Os senhores não veem, não ouvem? Desde que ficou convencionado que todos se calariam, que não se falaria mais do caso durante a trégua da Exposição, quem continuou falando? Quem violentou Paris nas últimas eleições municipais, retomando a campanha de mentiras e ultrajes? Quem envolve de novo o Exército nessas vergonhas, que continua a divulgar dossiês secretos para tentar derrubar o ministério? O caso Dreyfus tornou-se o espectro vermelho dos nacionalistas e dos antissemitas. Eles não podem reinar sem ele, têm necessidade contínua dele para dominar o país pelo terror. Assim como outrora os ministros do Império obtinham tudo do legislativo ao agitarem o espectro vermelho, basta-lhes hoje brandir o caso para embrutecer a gente simples cujos miolos eles desarranjaram. E, mais uma vez, eis aí o apaziguamento: essa anistia será apenas uma nova arma nas mãos da facção que explorou o caso para que a França republicana morra, e que vai explorá-lo ainda mais porque a anistia dará força de lei ao equívoco, sem que a nação possa saber daqui por diante de que lado estavam a verdade e a justiça.

Nesse grave perigo só havia uma coisa a fazer, aceitar a luta contra todas as forças do passado coligadas, refazer a administração, refazer a magistratura, refazer o alto comando militar, pois tudo isso revelava sua podridão clerical. Esclarecer o país através de atos, dizer toda a verdade, fazer toda a justiça. Aproveitar a prodigiosa lição de coisas que se desenrolou para fazer o povo dar, em três anos, o passo gigantesco que levará talvez cem anos para dar. Aceitar ao menos a batalha em nome do futuro e obter para a nossa futura grandeza toda a vitória possível. Hoje ainda, embora tanta covardia tenha tornado a tarefa quase impossível, continua havendo só uma coisa a fazer: voltar à verdade, voltar à justiça, na certeza de que sem elas não há para um país senão decadência e morte próxima.

O meu caro e grande Labori, que foi reduzido ao silêncio numa dessas horas covardes de que falei, teve, no entanto, a ocasião de dizer isso com sua eloquência soberba, numa circunstância recente. Já que o governo, já que os políticos não cessaram de intervir no caso, de subtraí-lo aos tribunais que deveriam ser os únicos a resolvê-lo, são vocês, senhores senadores, que têm o encargo de encerrá-lo, para a maior paz e o maior bem da nação. E repito que, se esperam que essa miserável lei de anistia atinja tal resultado, estarão acrescentando às faltas antigas uma última falta, um erro que pode ser mortal e que lhes pesará gravemente na memória.

Um dos meus espantos, senhores senadores, é que nos acusem de querer recomeçar o caso Dreyfus. Não compreendo. Houve um caso Dreyfus, um inocente torturado por carrascos que sabiam da sua inocência, e esse caso, graças a nós, terminou, do ponto de vista da própria vítima, que os carrascos foram obrigados a devolver à sua família. O mundo inteiro sabe hoje a verdade, nossos piores adversários não a ignoram, confessam-na a portas fechadas. A reabilitação não será mais que uma fórmula jurídica, quando chegar a hora, e Dreyfus não tem mais sequer necessidade de nós, pois está livre e tem a seu redor, para ajudá-lo, a admirável e valente família que nunca duvidou da sua honra e da sua libertação.

Então, por que recomeçaríamos o caso Dreyfus? Além de não ter o menor sentido, isso não teria proveito para ninguém. O que queremos é que o caso Dreyfus termine com o único desfecho capaz de devolver a força e a calma ao país, queremos que os culpados sejam punidos não para nos alegrarmos com o seu castigo, mas para que o povo saiba enfim e para que a justiça traga o apaziguamento, o único verdadeiro e sólido. Acreditamos que a salvação da França está na vitória das forças de amanhã contra as forças de ontem, dos homens da verdade contra os homens da autoridade. Por isso só podemos admitir que o caso Dreyfus tenha como conclusão a justiça para todos, e que dele se tirem as lições que ajudarão a fundar amanhã definitivamente a República, se forem realizadas as reformas cuja imperiosa necessidade elas mostraram.

Repetindo, não somos nós que recomeçamos o caso Dreyfus, que o utilizamos para as nossas necessidades eleitorais e para martelar os ouvidos da multidão a fim de atordoá-la. Reclamamos apenas nossos juízes naturais, colocamos na justiça para todos a esperança de que ela mostre prontamente a verdade e pacifique assim a nação. Foi dito que o caso fez muito mal à França: é um lugar-comum que os próprios ministros empregam quando querem conseguir votos. A que França o caso fez tanto mal? Se foi à França de ontem, tanto melhor! E é certo, de fato, que todas as velhas instituições foram abaladas, que ele fez aparecer a irremediável podridão do velho edifício social, restando apenas pô-lo abaixo. Mas por que eu me afligiria com isso, se ele serviu ao futuro, se trabalhou para a limpeza e a saúde da França de amanhã? Nunca uma febre terá mais nitidamente trazido à pele a doença que é preciso curar. E não é o caso Dreyfus que queremos retomar, queremos apenas tratar e curar a doença cuja virulência ele serviu para nos mostrar.

Mas há ainda algo mais grave, uma questão premente que me atormenta. A anistia que enterra, a anistia que pretende terminar tudo na mentira e no equívoco, tem por terrível consequência nos deixar à mercê de uma divulgação pública da Alemanha. Já aludi várias vezes a essa perigosa situação que deveria angustiar os verdadeiros patriotas, perturbar suas noites, fazendo-os exigir a liquidação completa e definitiva do caso Dreyfus como uma medida de salvação pública, da qual dependem a honra e a própria vida da França. E, já que hoje é preciso falar alto e claro, falarei.

Ninguém ignora que os numerosos documentos fornecidos por Esterhazy ao adido militar alemão, sr. Schwartzkoppen, estão no ministério da Guerra, em Berlim. Há ali peças de todo tipo, notas, cartas, inclusive, dizem, uma série de cartas nas quais Esterhazy julga seus chefes, dando detalhes pouco edificantes da vida privada deles. Há outros borderôs em Berlim, refiro-me a outras enumerações de documentos oferecidos e entregues, o que prova sem discussão possível a inocência de Dreyfus e a culpa do homem que dois dos nossos conselhos de guerra inocentaram, apesar da evidência manifesta do seu crime. Pois bem, admitindo que uma guerra surja amanhã entre a França e a Alemanha, eis-nos sob a terrível ameaça: antes mesmo de disparar um tiro de fuzil, antes de travar qualquer batalha, a Alemanha publica numa brochura o dossiê Esterhazy; e digo que a batalha está perdida, que somos batidos diante do mundo inteiro sem ter podido nos defender. Nosso Exército é atingido no respeito e na fé que ele deve a seus chefes, três conselhos de guerra são culpados de iniquidade e de crueldade; toda a monstruosa aventura brada nossa decadência sob o sol, e a pátria desmorona: não somos mais que uma nação de mentirosos e falsários.

Isso me causa amiúde um arrepio mortal. Como um governo que sabe pode aceitar por um minuto viver sob tal ameaça? Como pode querer silenciar, permanecer no perigo em que nos encontramos, sob o pretexto de que o país quer ser apaziguado? É algo que ultrapassa o entendimento, e digo mesmo que é trair a pátria não fazer a luz imediatamente por todos os meios possíveis, sem esperar que essa luz venha como um raio do estrangeiro. Somente no dia em que o inocente for reabilitado, no dia em que os verdadeiros culpados forem punidos, é que retiraremos da mão da Alemanha a arma que possui contra nós, pois a França espontaneamente terá reconhecido e reparado o seu erro.

E a anistia vem fechar assim uma das últimas portas abertas à verdade. Não cesso de repetir: não quiseram ouvir a única testemunha que, com uma palavra, pode fazer a luz, o sr. Schwartzkoppen. No Tribunal de Versalhes, ele seria a minha testemunha, aquela cuja inquirição eu pediria por carta rogatória, aquela que não poderia se recusar a dizer enfim a verdade completa baseada nos documentos que teve em mãos. A solução soberana está aí, não em outra parte. Ela virá cedo ou tarde, e é loucura não provocá-la para a nossa honra, preferindo que nos seja jogada à face em alguma circunstância trágica.

Grande foi o meu estupor no dia em que me apresentei diante da vossa comissão, e o presidente me perguntou, da parte do presidente do Conselho de Ministros, se eu estava de posse de algum fato novo para apresentá-lo em Versalhes. Isso queria dizer que, se eu não trazia a verdade no bolso, assim como trago um lenço, eu devia apenas deixar-me anistiar sem maiores protestos. Espantou-me uma tal pergunta partindo do presidente do Conselho, que sabe muito bem que ninguém porta consigo a verdade desse modo e que os processos existem precisamente para fazê-la surgir através de interrogatórios, testemunhos e arrazoados. Mas a ironia da pergunta dirigida a mim torna-se ainda mais extraordinária quando é sabido tudo o que foi feito para me fecharem a boca, para me impedirem de dizer essa verdade cuja presença agora se preocupam em constatar no meu bolso. Respondi ao presidente da vossa comissão que eu estava de posse do fato novo, sim, e que, se não tinha a verdade comigo, sabia perfeitamente onde encontrá-la, e que pedia simplesmente ao presidente do Conselho para convidar o ministro da Justiça a orientar o presidente do Tribunal de Versalhes a não barrar a minha carta rogatória quando eu pedisse para ser interrogado o sr. Schwartzkoppen. E o caso Dreyfus terminaria, a França seria salva da mais temível das catástrofes.

Votem então a lei de anistia, senhores senadores, completem o estrangulamento, digam com o juiz Delegorgue que a questão não será colocada, imponham o silêncio a Labori, como fez anteriormente o juiz Périvier; e, se a França um dia for desonrada diante do mundo inteiro, será por culpa vossa.

Não tenho, senhores senadores, a ingenuidade de acreditar que esta carta vos abalará, mesmo um só instante, no momento formal de votar a lei da anistia. Vosso voto é fácil de prever, pois será o resultado de vossa longa fraqueza e de vossa longa impotência. Os senhores não imaginam que podem agir de outro modo porque não têm a coragem de agir de outro modo.

Escrevo esta carta simplesmente pela grande honra de tê-la escrito. Cumpro o meu dever e duvido que os senhores cumpram o vosso. A lei da cedência foi um crime jurídico, a lei da anistia será uma traição cívica, o abandono da República às mãos dos seus piores inimigos.

Votem-na, serão punidos por ela daqui a pouco, e mais tarde ela será a vossa vergonha.

Carta ao sr. Émile Loubet

Presidente da República

Páginas publicadas no *L'Aurore*, em 22 de dezembro de 1900.

Mais sete meses entre o artigo precedente e este. A Exposição Universal fora encerrada em 12 de novembro e era preciso acabar de estrangular a verdade e a justiça. É o que foi feito. O meu processo de Versalhes não terá continuidade, privaram-me do direito absoluto que eu tinha de recorrer a uma condenação à revelia. Brutalmente suprimiram a verdade que eu poderia trazer, a justiça que me era devida. Do mesmo modo, eis que os três peritos, srs. Belhomme, Varinard e Couard, somem com os trinta mil francos nos bolsos; será preciso recomeçar tudo na justiça civil. Apenas constato, não me queixo, pois a minha obra foi feita mesmo assim. Para lembrar, acrescento que ainda hoje, em fevereiro de 1901, continuo suspenso do meu grau de oficial na ordem da Legião de Honra.

Sr. Presidente:

Há cerca de três anos, em 13 de janeiro de 1898, enderecei a seu predecessor, sr. Félix Faure, uma carta que ele não levou em conta, infelizmente para o seu bom renome. Agora que ele está morto, sua memória permanece obscurecida pela monstruosa iniquidade que denunciei e da qual ele se tornou cúmplice ao encobrir os culpados com o poder que lhe dava a sua alta magistratura.

Eis agora o senhor no lugar dele, e eis que o caso abominável, após ter manchado todos os governos cúmplices ou covardes que se sucederam, se encerra numa suprema negação da justiça, essa anistia que as câmaras, com a faca na garganta, acabam de votar e que entrará na História com o nome de anistia criminosa. Depois dos outros, o seu governo reincide na falta comum, aceitando a mais pesada das responsabilidades. E esteja certo de que é uma página da sua vida que está sendo manchada, é a sua magistratura que arrisca igualar-se à precedente, marcada por uma nódoa inapagável.

Permita-me assim, sr. Presidente, manifestar-lhe toda a minha angústia. Depois da anistia, devo concluir por esta carta, já que uma primeira carta minha foi uma das causas dessa anistia. Mas ninguém me acusará de falar demais. Em 18 de julho de 1898, parti para a Inglaterra, de onde só voltei em 5 de junho de 1899, e durante esses onze meses mantive-me calado. Voltei a falar somente depois do processo de Rennes, em setembro de 1899, para retornar ao mais completo silêncio que só rompi uma vez, em maio último, para protestar contra a anistia diante do Senado. Há mais de dezoito meses espero a justiça, que me convoca a cada três meses para anunciar mais três meses de protelação. Acho isso lamentável e cômico. Agora, em vez da justiça, é essa anistia criminosa e ultrajante que vem. Julgo, portanto, que o bom cidadão que fui, o silencioso que não quis ser um estorvo nem um motivo de distúrbio, que na maior paciência contava com essa justiça lenta, tem hoje o direito e o dever de falar.

Devo concluir, repito. Um primeiro período do caso termina neste momento, o que chamarei de crime completo. E é preciso que eu diga onde nos encontramos, qual foi a nossa obra e qual é a nossa certeza para o amanhã, antes de voltar de novo ao silêncio.

Não há necessidade de remontar às primeiras abominações do caso, basta-me retomá-lo logo após a terrível sentença de Rennes, essa provocação de iniquidade insolente que fez o mundo inteiro estremecer. E é aqui, sr. Presidente, que começa a falta do seu governo, e portanto a sua.

Estou certo de que um dia se contará, com base em documentos, o que se passou em Rennes, isto é, a maneira como o seu governo se deixou enganar e acreditou dever trair-nos em seguida. Os ministros estavam convencidos da absolvição de Dreyfus. Como poderiam duvidar, quando a Corte de Cassação acreditava ter encerrado o Conselho de Guerra nos termos de uma decisão tão clara que a inocência se impunha sem debates? Como teriam se inquietado, quando subordinados, intermediários e testemunhas, os próprios atores do drama, prometiam-lhe a maioria, se não a unanimidade? E eles sorriam dos nossos temores, deixavam tranquilamente o tribunal exposto à tramoia, aos falsos testemunhos, às manobras flagrantes de pressão e intimidação, levavam sua cega confiança ao ponto de comprometê-lo, sr. Presidente, não o advertindo – pois quero crer que a menor dúvida o teria impedido de prometer, no seu discurso no Rambouillet, inclinar-se diante da decisão, qualquer que fosse. Afinal, não prever será governar? Tínhamos um ministério nomeado para assegurar o bom funcionamento da justiça, para zelar pela execução honesta de uma decisão da Corte de Cassação. Ele não ignora o perigo que corre essa decisão em mãos apaixonadas, que todo tipo de febres malsãs tornaram pouco escrupulosas, e não faz nada, se compraz no seu otimismo, deixa o crime se realizar em plena luz! Admito que esses ministros quisessem a justiça, mas o que teriam feito então, pergunto, se não a tivessem querido?

Acontece a condenação, essa monstruosidade desconhecida de um inocente duas vezes condenado. Em Rennes, após o inquérito da Corte de Cassação, a inocência era evidente, não podia haver dúvida para ninguém. E eis que o horror se abate sobre a França e todos os povos. O que fará o governo, traído, enganado, provocado, cujo incompreensível descuido levou a um tal desastre? Admito também que o golpe, que repercutiu tão dolorosamente entre os justos, tenha desconcertado os seus ministros, aqueles que haviam se encarregado de assegurar o triunfo do direito. Mas o que eles vão fazer, como vão agir quando viram desabar suas certezas, quando viram que, em vez de artífices da verdade e da equidade, causaram por sua inabilidade e seu descuido uma *débâcle* moral da qual a França levará muito tempo para se recompor? E é aqui, sr. Presidente, que começa a falta do seu governo e a sua falta, é aqui que nos separamos do senhor numa divergência de opiniões e de sentimentos que não parou de crescer.

Para nós a hesitação era impossível, só havia um meio de sanar a França do mal que a minava, se quisessem curá-la, devolver-lhe a verdadeira paz; pois só há apaziguamento na tranquilidade da consciência, não haverá saúde enquanto sentirmos dentro de nós o veneno da injustiça cometida. Era preciso achar um meio de acionar de novo, imediatamente, a Corte de Cassação. E não se diga que isso era impossível, o governo tinha em mãos os fatos necessários, fora de qualquer abuso de poder. Era preciso liquidar todos os processos em curso e deixar a justiça fazer a sua obra sem que um só dos culpados pudesse escapar. Era preciso limpar a fundo a úlcera, dar ao nosso povo uma alta lição de verdade e equidade, restabelecer em sua honra a pessoa moral da França diante do mundo. Somente nesse dia se poderia dizer que a França estaria curada e apaziguada.

Mas o seu governo tomou o outro partido, a resolução de sufocar mais uma vez a verdade, julgando que bastaria enterrá-la para que ela não mais existisse. No sobressalto causado pela segunda condenação do inocente, ele imaginou apenas a dupla medida de indultar este último e de silenciá-lo sob a mordaça de uma lei de anistia. As duas medidas se completam, são o remendo de um ministério acuado que faltou à sua missão e que, para safar-se, nada encontra de melhor senão refugiar-se na razão de Estado. Ele quis, sr. Presidente, protegê-lo, após ter cometido o erro de deixá-lo comprometer-se. Quis salvar-se a si mesmo, acreditando talvez que tomava a única medida prática para salvar a República ameaçada.

A grande falta, portanto, foi cometida nesse dia, quando se apresentou uma última ocasião de agir para devolver à pátria a dignidade e a força. A seguir, concordo, à medida que os meses passavam, a salvação tornou-se cada vez mais difícil. O governo deixou-se acuar numa situação sem saída, e, quando declarou às câmaras que não podia mais governar se lhe recusassem a anistia, ele certamente tinha razão; mas não foi ele que tornou a anistia necessária ao desarmar a justiça, quando esta era ainda possível? Escolhido para tudo salvar, ele afinal acabou deixando tudo desabar, na pior das catástrofes. Quando se tratou de encontrar a reparação suprema, não imaginou nada melhor senão terminar o que haviam começado os governos do sr. Méline e do sr. Dupuy, estrangulando a verdade, assassinando a justiça.

Não é a vergonha da França que nenhum dos seus políticos tenha sido bastante forte, bastante inteligente, bastante corajoso para ser o homem da situação, aquele que teria exigido a verdade, e a quem ela teria obedecido? Há três anos se sucederam homens no poder, e vimos todos eles vacilar e cair no mesmo erro. Não falo do sr. Méline, o homem nefasto que quis o crime completo, nem do sr. Dupuy, o homem equívoco que aderiu de antemão ao partido dos mais fortes. Mas tivemos o sr. Brisson, que ousou querer a revisão: não é uma grande dor o erro irreparável em que ele caiu ao permitir a prisão do coronel Picquart, logo após a descoberta do falso Henry? Tivemos o sr. Waldeck-Rousseau, cujo corajoso discurso contra a lei de cedência repercutiu tão nobremente no fundo de todas as consciências: não é um desastre que ele tenha se julgado na obrigação de ligar o seu nome à anistia, que despoja a justiça com mais brutalidade ainda? Perguntamo-nos se um inimigo não nos teria servido melhor no ministério, já que os amigos da verdade e da justiça, quando estão no poder, também não encontram outros meios de salvar o país senão pela mentira e pela iniquidade.

Pois se a lei da anistia foi votada pelas Câmaras com a morte na alma, sr. Presidente, era para assegurar, dizia-se, a salvação do país. No impasse em que se colocou, o seu governo teve de escolher o terreno da defesa republicana, cuja solidez percebia. O caso Dreyfus mostrou justamente os perigos que a República corria, sob o duplo complô do clericalismo e do militarismo agindo em nome de todas as forças reacionárias do passado. E a partir de então o plano político do ministério foi simples: livrar-se do caso Dreyfus sufocando-o, dando a entender à maioria que, se não obedecesse docilmente, não teria as reformas prometidas. Isso seria correto se, para salvar o país do veneno clerical e militarista, não fosse preciso começar por aplicar-lhe este outro veneno da mentira e da iniquidade, no qual o vemos agonizar há três anos.

Sem dúvida o terreno do caso Dreyfus é um terreno político detestável. Pelo menos tornou-se assim pelo abandono em que foi deixado o povo, nas mãos dos piores bandidos, na podridão da imprensa imunda. E concordo mais uma vez que no momento atual a ação é difícil, quase impossível. Mesmo assim, é uma concepção muito estreita pensar que se salva um povo atacado por um mal decretando que esse mal não existe. Aprovada a anistia, não haverá mais processos, não se pode mais processar os culpados: isso não impede que Dreyfus inocente tenha sido condenado duas vezes e que essa iniquidade, enquanto não for reparada, continue a fazer a França delirar em horríveis pesadelos. Por mais que tenham enterrado a verdade, ela continua o seu caminho sob o chão, um dia há de brotar e produzir em toda parte rebentos vingadores. E o que é pior, isso contribui para a desmoralização dos pequenos, obscurecendo neles o sentimento do justo. Quando não há punidos, não há culpados. Como querer que os pequenos saibam, expostos às mentiras corruptoras com que são alimentados? O povo precisava de uma lição, e o senhor obscurece a consciência dele, acabando de pervertê-la.

Tudo está aí: o governo afirma que conseguiu o apaziguamento com sua lei da anistia; nós afirmamos, ao contrário, que ele corre o risco de preparar novas catástrofes. Torno a repetir que não há paz na iniquidade. A política vive o dia a dia, crê numa eternidade quando ganhou seis meses de silêncio. É possível que o governo tenha algum repouso e admito mesmo que o aproveite de maneira útil. Mas a verdade voltará a despertar, clamará, desencadeará tempestades. De onde virão? Não sei, mas elas virão. E a impotência atingirá os homens que não quiseram agir, esmagados pelo peso dessa anistia criminosa na qual foram postos indiscriminadamente os honestos e os tratantes! Quando o país souber, quando o país revoltado quiser fazer justiça, sua cólera não cairá primeiro sobre os que não o esclareceram quando podiam fazê-lo?

Como disse o meu caro e grande amigo Labori, com sua soberba eloquência: a lei da anistia é uma lei da fraqueza, da impotência. A covardia de governos sucessivos nela se acumulou, essa lei é feita de todas as fraquezas dos homens que, diante de uma injustiça execrável, não tiveram a força nem de impedi-la nem de repará-la. Diante da necessidade de bater firme, todos cederam, todos recuaram. Depois de tantos crimes, não é o esquecimento, não é o perdão que nos trazem: é o medo, a debilidade, a incapacidade de os ministros fazerem simplesmente aplicar as leis existentes. Dizem-nos que querem nos apaziguar por concessões mútuas: não é verdade. A verdade é que não tiveram a coragem de aplicar o machado na velha sociedade apodrecida e, para ocultar esse recuo, falam de clemência, libertam da mesma forma um Esterhazy, traidor, e um Picquart, herói a quem o futuro erguerá estátuas. É uma má ação que será certamente punida, pois não fere apenas a consciência, ela corrompe a moralidade nacional.

Será essa uma boa educação para uma República? Que lições daremos à democracia quando lhe ensinamos que há horas em que a verdade e a justiça não contam, se o interesse do Estado o exige? E quem favorece assim a razão de Estado são homens livres que a condenaram na Monarquia e na Igreja. A política parece mesmo ser uma grande pervertedora de almas. Dizer que vários de nossos amigos, vários dos que valentemente combateram desde o primeiro dia, cederam ao sofisma, aliando-se à lei da anistia como a uma medida política necessária! Parte-me o coração ver um Ranc, tão íntegro, tão corajoso, tomar a defesa de Picquart contra o próprio Picquart, mostrando-se feliz de que a anistia, que o impedirá de defender sua honra, o salva do ódio certo de um conselho de guerra. E Jaurès, o nobre, o generoso Jaurès, que se empenhou tão magnificamente sacrificando seu cargo de deputado, o que é tão belo nestes tempos de glutonaria eleitoral! Ei-lo também aceitando ver anistiados, todos no mesmo saco, Picquart e Esterhazy, Reinach e du Paty de Clam, eu e o general Mercier! A absoluta justiça acaba então onde começa o interesse de um partido? Ah, que doçura ser um solitário, não pertencer a seita alguma, depender apenas da própria consciência, e que desafogo seguir em frente no seu caminho, amando e querendo apenas a verdade, ainda que ela abale a terra e faça cair o céu!

Nos dias de esperança do caso Dreyfus, sr. Presidente, tivemos um belo sonho. Não lidávamos com o caso único, um crime no qual estavam envolvidas todas as forças reacionárias, todas aquelas que fazem obstáculo ao livre progresso da humanidade? Nunca experiência mais decisiva se apresentara, nunca uma lição de coisas mais elevada seria dada ao povo. Em poucos meses esclareceríamos sua consciência, fazendo mais, para instruí-lo e amadurecê-lo, do que fizera um século de lutas políticas. Bastava mostrar-lhe em ação todas as forças nefastas, cúmplices do mais execrável dos crimes, o esmagamento de um inocente cujas torturas sem nome arrancavam um grito de revolta à humanidade inteira.

E, confiantes na força da verdade, esperávamos o triunfo. Seria uma apoteose da justiça, o povo esclarecido levantando-se em massa, aclamando Dreyfus no seu regresso à França, celebrando a festa do direito reconquistado, glorioso e soberano. E isso terminaria num beijo universal, todos os cidadãos apaziguados, unidos nessa comunhão da solidariedade humana. Infelizmente sabemos o que aconteceu, sr. Presidente, a vitória duvidosa, a confusão para cada parcela da verdade arrancada, a ideia da justiça obscurecida ainda mais na consciência do povo infeliz. Parece que a nossa consciência da vitória era muito imediata e grosseira. A marcha humana não comporta esses triunfos manifestos que erguem uma nação, consagrando-a numa luz forte e poderosa. Tais evoluções não ocorrem de uma só vez, elas só se realizam no esforço e na dor. A luta nunca termina, cada passo à frente é obtido à custa de sofrimento, somente os filhos é que podem constatar os sucessos alcançados pelos pais. E se, no meu ardente amor ao povo da França, nunca me consolarei de não ter podido tirar, para a sua educação cívica, a admirável lição contida no caso Dreyfus, há muito estou resignado de ver a verdade penetrá-lo somente aos poucos, até o dia em que estará maduro para o seu destino de liberdade e de fraternidade.

Nunca pensamos senão nele, o povo, logo que o caso Dreyfus se ampliou, tornou-se um caso social, humano. O inocente que sofria na ilha do Diabo era apenas o acidente, todo o povo sofria com ele, esmagado pelas forças ruins, no desprezo da verdade e da justiça. E, ao salvá-lo, salvávamos todos os oprimidos, todos os sacrificados. Mas agora que Dreyfus está livre, devolvido ao amor dos seus, quem são os tratantes ou os imbecis que nos acusam de querer retomar o caso Dreyfus? São os mesmos que, em suas falcatruas políticas, forçaram o governo a propor a anistia, continuando a apodrecer o país com mentiras. Não há dúvida de que Dreyfus deve buscar por todos os meios legais a revisão do julgamento de Rennes, e o ajudaremos nisso como pudermos no dia em que a ocasião se apresentar. Imagino mesmo que a Corte de Cassação ficará feliz de ter a última palavra para a honra da sua magistratura suprema. Só que haverá aí apenas uma questão judiciária, nenhum de nós jamais teve a ideia estúpida de retomar o que foi o caso Dreyfus; e a única tarefa desejável e possível, hoje, é tirar desse caso suas consequências políticas e sociais, a colheita de reformas cuja urgência ele mostrou. Será essa a nossa defesa, em resposta às acusações abomináveis que nos fazem, e será ainda melhor a nossa vitória definitiva.

Uma expressão me incomoda, sr. Presidente, toda vez que deparo com ela, o lugar-comum que consiste em dizer que o caso Dreyfus fez muito mal à França. Encontrei-a em todas as bocas, sob todas as penas, amigos meus a dizem correntemente, talvez eu mesmo a tenha empregado. No entanto não conheço expressão mais falsa. E não falo sequer do admirável espetáculo que a França ofereceu ao mundo, essa luta gigantesca por uma questão de justiça, esse conflito de todas as forças ativas em nome do ideal. Não falo tampouco dos resultados já obtidos, a limpeza nos departamentos do ministério da Guerra, os atores equívocos do drama tendo sido varridos, a justiça tendo realizado um pouco a sua obra, apesar de tudo. Mas o imenso bem que o caso Dreyfus fez à França não foi ter sido o acidente pútrido, a ferida que aparece na pele e que revela a podridão interna? É preciso voltar à época em que o perigo clerical fazia dar de ombros, em que era elegante zombar do sr. Homais[6], voltairiano retardado e ridículo. Todas as forças reacionárias haviam se infiltrado sob os pavimentos da nossa grande Paris, minando a República, esperando apoderar-se da cidade e da França no dia em que as instituições atuais viessem abaixo. E eis que o caso Dreyfus desmascara tudo antes que o estrangulamento ocorra, os republicanos acabam percebendo que lhes vão confiscar a República se não puserem as coisas em ordem. Todo o movimento de defesa republicana nasceu aí, e, se a França foi salva do longo complô da reação, ela deve isso ao caso Dreyfus.

Espero que o governo leve a cabo essa tarefa de defesa republicana que acaba de invocar, para obter das Câmaras o voto da lei da anistia. É o único meio que lhe resta de ser finalmente corajoso e útil. Mas que ele não renegue o caso Dreyfus, que o reconheça como o maior bem que podia acontecer à França, e que declare conosco que, sem o caso Dreyfus, a França certamente estaria hoje nas mãos dos reacionários.

Quanto à questão que me é pessoal, sr. Presidente, não recrimino. Há cerca de quarenta anos faço a minha obra de escritor sem me preocupar com condenações nem absolvições pronunciadas sobre os meus livros, deixando ao futuro o cuidado de emitir o julgamento definitivo. Assim, um processo deixado no ar não há de me comover muito. É um caso a mais que o futuro julgará. E se lamento a falta da verdade desejável que um novo processo poderia fazer surgir, consolo-me pensando que a verdade achará com certeza um meio de aparecer, apesar de tudo.

Confesso-lhe, porém, que eu teria curiosidade de saber o que um novo júri pensaria da minha primeira condenação, obtida sob a ameaça dos generais, armados como

---

6. Personagem de *Madame Bovary*, de Flaubert. (N.T.)

de um porrete pelo falso Henry. Não que num processo puramente político eu tenha grande confiança no júri, tão fácil de desencaminhar, de aterrorizar. Mas ainda assim seria uma lição interessante retomar os debates depois que a Corte de Cassação examinou todas as acusações feitas contra mim. O senhor percebe? Um homem condenado com base numa falsidade, que retorna diante dos seus juízes, quando a falsidade foi reconhecida, confessada! Um homem que acusou outros baseado em fatos dos quais um inquérito da Corte Suprema provou a absoluta verdade! Eu teria passado algumas horas agradáveis, pois uma absolvição me confortaria; e se houvesse uma nova condenação, a estupidez covarde ou a paixão cega têm uma beleza especial que sempre me interessou.

Mas convém ser um pouco mais claro, sr. Presidente. Como lhe escrevo para terminar todo esse caso, seria bom eu retomar diante do senhor as acusações que fiz diante do sr. Félix Faure, para estabelecer definitivamente que elas eram justas, moderadas, até mesmo insuficientes, e que a lei do seu governo anistia em mim apenas um inocente.

Acusei o tenente-coronel du Paty de Clam "de ter sido o artífice diabólico do erro judiciário, erro inconsciente, quero crer, e de ter a seguir defendido sua obra nefasta, durante três anos, pelas maquinações mais extravagantes e mais culpáveis". Não é mesmo discreto e cortês, para quem leu o relatório do terrível capitão Cuignet que o acusa de testemunho falso?

Acusei o general Mercier de "ter-se tornado cúmplice, pelo menos por fraqueza de espírito, de uma das maiores iniquidades do século". Aqui, retrato-me publicamente, retiro a fraqueza de espírito. Mas, se o general Mercier não tem a desculpa de uma inteligência enfraquecida, então sua responsabilidade é total nos atos que o inquérito da Corte de Cassação estabeleceu e que o Código qualifica de criminosos.

Acusei o general Billot de "ter tido nas mãos as provas certas da inocência de Dreyfus e de tê-las abafado, de ter-se tornado culpado desse crime de lesa-humanidade e de lesa-justiça, com um objetivo político e para salvar o Estado-Maior comprometido". Todos os documentos hoje conhecidos estabelecem que o general Billot estava necessariamente a par das manobras criminosas dos seus subordinados; e acrescento que foi por sua ordem que o dossiê secreto do meu pai foi entregue a um jornal imundo.

Acusei o general Boisdeffre e o general Gonse de "terem se tornado cúmplices do mesmo crime, um certamente por paixão clerical, o outro talvez por esse espírito de corporação que faz dos departamentos do ministério da Guerra a arca sagrada, inatacável". O general Boisdeffre julgou-se ele mesmo logo após a descoberta do falso Henry, pedindo sua demissão, desaparecendo da cena do mundo, queda trágica de um homem elevado aos mais altos graus, às mais altas funções, e que cai no nada. Quanto ao general Gonse, é um dos que a anistia salva das mais pesadas responsabilidades, claramente estabelecidas.

Acusei o general de Pellieux e o comandante Ravary "de terem feito um inquérito criminoso, querendo dizer com isso um inquérito da mais monstruosa parcialidade, do qual o relatório do segundo é um imperecível monumento de ingênua audácia". Basta reler o inquérito da Corte de Cassação e se verá a tramoia estabelecida, provada pelos documentos e testemunhos os mais arrasadores. A instrução do caso Esterhazy não foi senão uma impudente comédia judiciária.

Acusei os três peritos em caligrafia, os srs. Belhomme, Varinard e Couard, "de terem feito relatórios mentirosos e fraudulentos, a menos que um exame médico os declare acometidos de uma doença da vista e do julgamento". Eu dizia isso diante da extraordinária afirmação desses três peritos de que o borderô não fora escrito por Esterhazy, erro que, na minha opinião, uma criança de dez anos não teria cometido. Sabe-se que o próprio Esterhazy reconhece agora ter escrito o borderô, e o juiz Ballot-Beaupré, no seu relatório, declarou solenemente que para ele não havia dúvida possível.

Acusei o ministério da Guerra "de ter conduzido na imprensa, particularmente no *L'Eclair* e no *L'Echo de Paris*, uma campanha abominável, para desencaminhar a opinião pública e cobrir seu próprio erro". Não insisto, penso que a prova foi dada por tudo que se soube depois e por tudo que os próprios culpados tiveram de confessar.

Enfim, acusei o primeiro Conselho de Guerra de "ter violado o direito, condenando um acusado a partir de uma peça que permaneceu secreta", e acusei o segundo Conselho de Guerra "de ter, a partir de ordens superiores, acobertado essa ilegalidade, cometendo por sua vez o crime jurídico de absolver deliberadamente um culpado". Quanto ao primeiro Conselho de Guerra, a produção da peça secreta foi claramente estabelecida pelo inquérito da Corte de Cassação, e mesmo no processo de Rennes. Quanto ao segundo Conselho de Guerra, o inquérito prova igualmente a fraude, a contínua intervenção do general de Pellieux, a evidente pressão sob a qual a absolvição foi obtida, segundo o desejo dos chefes.

Como vê, sr. Presidente, não há uma sequer das minhas acusações que as faltas e os crimes descobertos não tenham justificado, e repito que essas acusações parecem bastante pálidas e modestas, hoje, diante da terrível dimensão das abominações cometidas. Confesso que eu mesmo não teria ousado suspeitar de uma tal dimensão. Então, pergunto-lhe, qual é o tribunal honesto ou simplesmente razoável que se cobriria de opróbrio condenando-me outra vez, agora que a prova de tudo que eu disse veio à luz? E não lhe parece que a lei do seu governo que me anistia, a mim, inocente, junto com os culpados que denunciei, é realmente uma lei criminosa?

Assim está terminado, sr. Presidente, pelo menos por enquanto, esse primeiro período do caso que a anistia vem necessariamente encerrar.

Prometeram-nos, como compensação, a justiça da História. É um pouco como o paraíso católico, que serve para dar paciência nesta terra aos pobres miseráveis que a fome estrangula. Sofram, meus amigos, comam pão seco, durmam no chão, enquanto os afortunados deste mundo dormem em colchão de plumas e vivem de guloseimas. Do mesmo modo, deixem os criminosos ocupar os altos cargos, enquanto vocês, os justos, são lançados à rua da amargura. E acrescentam que, quando todos estivermos mortos, nós é que teremos as estátuas. De minha parte aceito, e acho mesmo que a revanche da História será mais séria do que as delícias do paraíso. Mas um pouco de justiça na terra teria me dado prazer.

Não que eu me queixe, estou convencido de que vamos resistir ao tempo, como se diz. A mentira tem contra ela o fato de não poder durar sempre, enquanto a verdade, que é una, tem a eternidade a seu favor. Assim, sr. Presidente, o seu governo declara que fará a paz com a lei da anistia e nós acreditamos, ao contrário, que ele prepara novas catástrofes. Um pouco de paciência e se verá quem tem razão. Na minha opinião, não me canso de repetir, o caso não pode terminar enquanto a França não souber e não reparar a injustiça. Eu disse que o quarto ato foi representado em Rennes e que haveria necessariamente um quinto ato. A angústia continua no meu coração, todos esquecem que o imperador alemão tem a verdade na mão e pode lançá-la em nossa face quando soar a hora que ele talvez escolherá. Seria o terrível quinto ato, aquele que sempre temi e cuja eventualidade um governo francês não deveria aceitar por uma hora sequer.

Prometeram-nos a História e a ela também o remeto, sr. Presidente. Ela dirá o que tiver feito, nela o senhor terá a sua página. Pense no pobre Félix Faure, esse curtidor de peles deificado, tão popular nos seus começos, que tocou a mim mesmo com sua bonomia democrática: ele será para sempre apenas o homem injusto e fraco que permitiu o martírio de um inocente. E pense se não lhe agradaria mais ser, no mármore, o homem da verdade e da justiça. Talvez ainda haja tempo.

Eu sou apenas um poeta, um narrador solitário que cumpre num canto a sua tarefa, dedicando-se a ela por inteiro. Compreendi que um bom cidadão deve contentar-se em dar a seu país o trabalho do qual se julga mais capaz, e por isso me encerro nos meus livros. Assim retorno simplesmente a eles, terminada a missão que me foi dada. Cumpri o meu papel, o mais honestamente que pude, e retorno definitivamente ao silêncio.

Mas devo acrescentar que os meus ouvidos e os meus olhos continuarão bem abertos. Sou um pouco como a irmã Ana[7], preocupo-me noite e dia com o que se passa no horizonte, confesso mesmo que tenho a esperança tenaz de ver em breve muita verdade, muita justiça chegando até nós dos campos longínquos onde viceja o futuro.

E espero sempre.

Queira aceitar, sr. Presidente, a certeza do meu profundo respeito.

---

7. Personagem de *Barba azul*, de Charles Perrault. (N.T.)

ANEXOS

Os artigos de Zola relativos ao caso Dreyfus não reunidos em *A verdade em marcha*

Várias cartas ou artigos de Émile Zola, publicados no *L'Aurore*, não foram reproduzidos em *A verdade em marcha*. Eis os títulos dos que apresentamos:
Resposta à intimação. Carta ao ministro da Guerra (*L'Aurore*, 22 de janeiro de 1898).
Uma nova ignomínia (*L'Aurore*, 14 de abril de 1898). Protesto contra a nova intimação de comparecer perante o Tribunal de Versalhes. Essa intimação retinha apenas três linhas da carta *J'accuse*, como peça de acusação, de modo a tornar impossível a defesa.

I
Resposta à intimação
Carta ao ministro da Guerra

Em resposta às minhas acusações contra o senhor, contra os seus pares e os seus subordinados, fui intimado a comparecer perante o Tribunal de la Seine, em 7 de fevereiro próximo.

Estarei lá.

Estarei lá para um debate leal e aberto.

Mas certamente o senhor não leu o meu ato de acusação, sr. Ministro. Algum escriba lhe terá dito que simplesmente acusei o Conselho de Guerra "de ter, a partir de ordens superiores, acobertado essa ilegalidade, cometendo por sua vez o crime jurídico de absolver deliberadamente um culpado".

Essa afirmação não teria sido suficiente para a minha necessidade de justiça. Se eu quis a discussão em plena luz, é porque desejei expor aos olhos da França inteira a verdade, toda a verdade.

Por isso completei as acusações que o senhor menciona, nos termos do ato do oficial de justiça Dupuis, por outras acusações não menos formais, não menos claras, não menos decisivas.

Eu disse:

– Acuso o tenente-coronel du Paty de Clam de ter sido o artífice diabólico do erro judiciário, erro inconsciente, quero crer, e de ter a seguir defendido sua obra nefasta, durante três anos, pelas maquinações mais extravagantes e mais culpáveis.

Eu disse:

– Acuso o general Mercier de ter-se tornado cúmplice, pelo menos por fraqueza de espírito, de uma das maiores iniquidades do século.

Eu disse:

– Acuso o general Billot de ter tido nas mãos as provas certas da inocência de Dreyfus e de tê-las abafado, de ter-se tornado culpado desse crime de lesa-humanidade e de lesa-justiça, com um objetivo político e para salvar o Estado-Maior comprometido.

Eu disse:

– Acuso o general Boisdeffre e o general Gonse de terem se tornado cúmplices do mesmo crime, um certamente por paixão clerical, o outro talvez por esse espírito de corporação que faz dos departamentos do ministério da Guerra a arca sagrada, inatacável.

Eu disse:

– Acuso o general de Pellieux e o comandante Ravary de terem feito um inquérito criminoso, querendo dizer com isso um inquérito da mais monstruosa parcialidade, do qual o relatório do segundo é um imperecível monumento de ingênua audácia.

Eu disse:

– Acuso os três peritos em caligrafia, srs. Belhomme, Varinard e Couard, de terem feito relatórios mentirosos e fraudulentos, a menos que um exame médico os declare acometidos de uma doença da vista e do julgamento.

Eu disse:

– Acuso o ministério da Guerra de ter conduzido na imprensa, particularmente no *L'Eclair* e no *L'Echo de Paris*, uma campanha abominável, para desencaminhar a opinião pública e cobrir seu próprio erro.

Releia esses textos, sr. Ministro, e pense o que quiser da minha audácia, mas reconheça que não pequei nem por falta de precisão nem por falta de clareza.

E se é obrigado a reconhecer isso, e se no seu silêncio prudente todos devem reconhecer comigo a mesma coisa, diga-me por que hoje, após cinco dias de meditações, consultas, hesitações e tergiversações, o senhor se precipita numa retirada.

Como! Posso escrever que o tenente-coronel du Paty de Clam foi o artífice diabólico de um erro judiciário, talvez inconsciente, e que ele defendeu sua obra pelas maquinações mais culposas, posso dizer isso e ninguém ousa, por eu tê-lo escrito, processar-me.

Posso escrever que o general Mercier se tornou cúmplice de uma das maiores iniquidades do século, e ninguém ousa, por eu tê-lo escrito, processar-me.

Posso escrever que o senhor, general Billot, teve nas mãos as provas certas da inocência de Dreyfus e as abafou, tornando-se culpado de um crime de lesa-humanidade e de lesa-justiça com o objetivo político de salvar o Estado-Maior. E o senhor, ministro da Guerra, não ousa, por eu tê-lo escrito, processar-me.

Posso escrever que o general Boisdeffre e o general Gonse se tornaram cúmplices do mesmo crime, e ninguém ousa, por eu tê-lo escrito, processar-me.

Posso escrever que o general de Pellieux e o comandante Ravary fizeram um inquérito criminoso, e ninguém ousa, por eu tê-lo escrito, processar-me.

Posso escrever que os três peritos em caligrafia, os srs. Belhomme, Varinard e Couard, fizeram relatórios mentirosos e fraudulentos, e eles não ousaram, por eu tê-lo escrito, processar-me num tribunal, preferindo torcer a lei e tratar a acusação como um caso de polícia.

Posso escrever que o ministério da Guerra conduziu na imprensa uma campanha abominável a fim de perverter a opinião pública e cobrir suas faltas, e ninguém ousa, por eu tê-lo escrito, processar-me.

Eu disse essas coisas e as mantenho. É realmente possível que o senhor não aceite a discussão sobre acusações tão claramente formuladas, não menos graves para o acusador que para os acusados?

Eu acreditava encontrar diante de mim o coronel du Paty de Clam, o general Mercier, o general Boisdeffre, o general Gonse, o general de Pellieux e o comandante Ravary, mais os três peritos em caligrafia.

Ataquei lealmente, sob o olhar de todos: ninguém ousa me responder senão através dos ultrajes dos jornais estipendiados e das vociferações dos bandos que os círculos católicos lançam às ruas. Vejo nisso uma vontade obstinada de trevas, mas advirto o senhor, com toda a lealdade, que ela de nada servirá.

Já que não ousou mencionar todas as minhas acusações, vou lhe dizer: temendo o debate às claras, o senhor preferiu, para se salvar, recorrer a um procurador que lhe indicou, na lei de 29 de julho de 1881, um artigo 52 que não me permite apresentar a prova senão dos fatos *"articulados e qualificados na citação"*. E isso o deixa bastante tranquilo, não é mesmo?

Contra o coronel du Paty de Clam, contra o general Mercier, contra o general Boisdeffre e o general Gonse, contra o general de Pellieux e o comandante Ravary, contra os seus peritos e contra o senhor mesmo, julga que eu não poderei apresentar a prova.

Pois bem, advirto de antemão que o senhor se engana, que o aconselharam mal.

Pensaram inicialmente em tratar minhas acusações como um caso de polícia, mas não ousaram fazer isso porque a Corte de Cassação teria lançado por terra tal procedimento.

A seguir, pensaram em arrastar as coisas através de uma longa instrução, mas havia o perigo de assim espichar o caso e de acumular contra o senhor uma massa esmagadora de testemunhos metodicamente registrados.

Por fim, em desespero de causa, decidiram impor-me uma luta desigual, atando-me de antemão, para assegurar, através de chicanas, a vitória que certamente não espera de um livre debate.

O senhor esquece que terei por juízes doze cidadãos franceses, na sua independência.

Saberei vencer pela força da justiça, iluminarei as consciências com a luz da verdade. Todos verão, desde as primeiras palavras, as chicanas varridas pela imperiosa necessidade da prova. Essa prova, a lei ordena que eu a apresente, e a lei seria mentirosa se, ao impor-me esse dever, me recusasse o meio de apresentá-la.

Como eu poderia responder às acusações que o senhor faz contra mim se eu não pudesse mostrar o encadeamento dos fatos e se me impedissem de expor às claras todo o caso?

A liberdade da prova, eis a força com que conto.

Émile Zola,
L'Aurore, 22 de janeiro de 1898.

II
UMA NOVA IGNOMÍNIA

A minha intenção formal era calar-me até o novo processo que deve ser julgado em Versalhes. Achava isso correto; aliás, o que tenho a dizer agora, reservo-me a dizê-lo aos meus juízes.

Mas, na guerra desleal que me fazem simplesmente por eu ter querido a verdade e a justiça, acaba de ser cometida uma nova ignomínia, e ela suscita um tal grito de indignação em minha consciência que preciso lançar esse grito a todos os homens honestos da França e do mundo inteiro.

Todos lembram, por ocasião do primeiro processo, a escolha longa e difícil feita pelo ministro da Guerra, entre as setecentas a oitocentas linhas da minha "Carta ao Presidente da República", das quinze linhas a serem entregues ao tribunal, sem correr o temido risco de explicações claras e francas. O medo era a prova, a terrível prova; e o problema a resolver era impedir-me de apresentar a prova, não obstante a lei formal, conservando ao mesmo tempo, do delito, o indispensável para obter uma condenação. A artimanha consistia em proteger-se atrás de um artigo que não permite a prova senão dos fatos indicados na citação judicial. Daí as quinze linhas extraídas com cuidado, de modo a limitar o meu direito, a impedir-me de provar, por exemplo, a clara ilegalidade que fez da condenação de Dreyfus a mais monstruosa das iniquidades. E essa hipocrisia flagrante no processo, esse baixo procedimento de jesuitismo e de obscuridade já havia indignado todos os espíritos justos.

Pois bem, no segundo processo a manobra é ainda mais vergonhosa, mais abominável. Pois parece que o primeiro trabalho de eliminação foi feito de uma forma demasiado honesta. Foram aceitas palavras demais, linhas demais da minha carta; deixaram, sem querer, portas abertas pelas quais podia penetrar a ofuscante luz da verdade; e que desastre se a questão das peças secretas pudesse ser colocada a algumas testemunhas, que teriam afirmado sua comunicação ao Conselho de Guerra de 1894 à margem do acusado e da defesa! Nossos adversários devem ter tremido depois que leram, no relatório do conselheiro Chambareaud, a maneira como devíamos agir para usar o nosso direito que era, baseando-nos nos termos da própria citação judicial, provar a inocência de Dreyfus, assim como provamos a culpa de Esterhazy.

Terrível perigo! Já que nos processavam de novo, íamos então usar esse direito. Era a ilegalidade constatada, a revisão certa, essa revisão que a Corte de Cassação espera. E o que fazer para recuar ainda mais, para escapar a essa ameaça de luz, para nos garrotear a fim de nos golpearem com segurança, sem nos permitir um movimento? Oh! é muito simples: encurtar ainda mais, conservar das minhas quinze linhas apenas três, reter de todas as minhas acusações apenas este membro de frase: "Um conselho de guerra ousou absolver Esterhazy, bofetada suprema contra toda a verdade, toda a justiça".

Sim, eles chegaram a esse ponto, a essa manobra indigna de isolar algumas palavras; e tudo isso para me pegarem nessa armadilha, na qual esperam me estrangular sem que eu possa dar um grito. Pois bem, digo que essa maneira de convocar alguém à justiça se assemelha muito a um assassinato. Não se pode começar por amordaçar as pessoas quando elas são convocadas a se defender. Denuncio à França, denuncio ao universo civilizado essa nova ignomínia, a confissão e o recuo que se revelam cinicamente na escolha das três linhas da nova citação, extraídas das quinze da primeira. Por que conservaram apenas três, senão pelo terror de ver as outras me permitirem apresentar a prova da minha retidão e da minha boa-fé? E acrescento que essa maneira de agir, quando a História mais tarde a relatar, receberá a execração do mundo inteiro.

Por enquanto, ei-los agora muito tranquilos, rindo e esfregando as mãos, muito gratos ao conselheiro Chambareaud que os preveniu! Os acusados e seus defensores estão amordaçados e garroteados! Não há como falar de Dreyfus, de sua inocência, da terrível ilegalidade de que é vítima! A Corte de Cassação pode esperar, a revisão do processo vai demorar. E eles exultam!

Eu, no lugar deles, não estaria tão seguro. Três linhas ainda é muito, diria até que é demais. Quem sabe se nessas três linhas não surgirá bruscamente uma janela, deixando passar o livre sol? "Um Esterhazy" já me parece ameaçador. Além do mais, o que dizer de "bofetada suprema contra toda a verdade, toda a justiça?" Será que isso não contém tanto o caso Dreyfus quanto o caso Esterhazy? Decididamente, se houver um terceiro processo, o que é bem possível, será preciso ater-se a uma única linha; e seria ainda mais prudente escolher uma só palavra.

Eis aí, portanto, a suspeita invenção que esses homens descobriram para deter a verdade em marcha, imaginando talvez com isso ter-nos aniquilado, fechado a nossa boca para sempre. Estão loucos, as fúrias agora galopam atrás deles e lhes sopram a demência. Basta avaliar o caminho que a verdade fez em algumas semanas. Pois nada pode vencer a verdade, ela é a indomável, a inexpugnável, sairá outra vez do silêncio no qual procuram nos emparedar! Se me condenarem, ela renascerá mais ampla e mais feroz da abominação mesma do castigo que me impuserem! Se me suprimirem, ela levantará as pedras da rua e fará brotar de cada uma delas um vingador do direito oprimido, ultrajado! Amanhã, dentro de um mês, de um ano, de dez anos, ela pregará no mastro da infâmia todos os que agiram em favor da mentira e da violência, contra a verdade e a justiça!

Ah! pobres coitados, que nojo, que desgosto! E pensar que há um monte deles sujando as próprias mãos para mandar à prisão um homem que sonhou apenas com humanidade e equidade.

Émile Zola,
L'Aurore, 14 de abril de 1898.

lepmeditores
www.lpm.com.br
o site que conta tudo

IMPRESSÃO:

PALLOTTI
GRÁFICA

Santa Maria - RS | Fone: (55) 3220.4500
www.graficapallotti.com.br